Yehudi Menuhin

LEBENSSCHULE

Herausgegeben von
Christopher Hope

Aus dem Englischen von
Horst Leuchtmann

Mit 60 Abbildungen

Piper
München Zürich

Die Originalausgabe erschien unter dem Titel »Life Class« 1986
im Verlag William Heinemann Ltd., London.

Der Autor dankt den folgenden Studenten der Yehudi Menuhin
School: Lu-Szu Ching, Harvey De Souza, Helen Hawthorne,
Tasmin Little.

ISBN 3-492-3033-5

Fotos: © Malcolm Crowthers 1986
Zeichnungen: © Julian Burton 1986
Printed in Germany
Gesamtherstellung: Kösel, Kempten

Yehudi Menuhin · Lebensschule

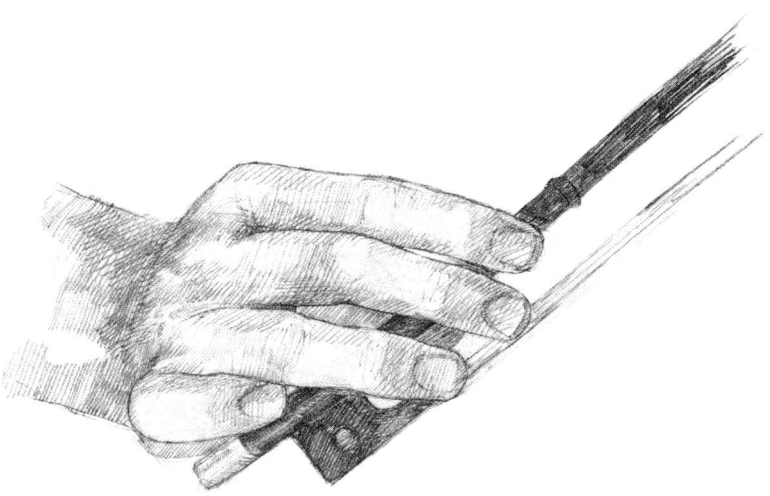

Inhalt

Vorbemerkung

Dieses Buch ist das Ergebnis vieler Jahre. Es will keine Übungen und Regeln vorschreiben, um etwa die Methoden anderer Musiker und Geigenlehrer zu ersetzen oder zu verdrängen.

Aber bestimmte künstlerische Entscheidungen, Erfahrungen und Begegnungen im Leben eines Musikers fördern Geist und Musikalität ebenso, wie bestimmte Übungen den Körper elastisch erhalten. Ich möchte nur ein paar solcher Übungen und Erfahrungen niederlegen, die den einzigen Geiger, über den ich mit Fug und Recht etwas aussagen kann, entscheidend beeinflußt haben: mich selbst.

9

Dieses Buch behandelt weniger meine Kenntnisse als meine täglich neuen Er-Kenntnisse.

Es gibt drei Lernweisen:

- Beispiel und Nachahmung;
- fachgerechte Ausbildung; dabei werden die analytischen und kritischen Fähigkeiten des Schülers geweckt, seine Gefühls- und Ausdrucksskala erweitert und immer differenziertere stilistische Möglichkeiten entwickelt;
- Selbstunterricht, indem man jede Gelegenheit für seine Zwecke nutzt, so die Begegnung mit Kollegen oder Lehrern – und natürlich die eigene Beschäftigung.

Alle drei Verfahrensweisen sind miteinander verwoben.

Yehudi Menuhin, April 1986

Einleitung

Dieses Buch verläuft zweigleisig: Es erörtert zum einen die Lebensweise eines Musikers und Geigers, wie ich sie gewählt habe, zum anderen empfiehlt es Übungen, die ich im Laufe eines halben Jahrhunderts kontinuierlich entwickelt habe und die mir helfen, diese Lebensweise durchzuhalten. Die Gedanken, Übungen, Meditationen, Andeutungen, Vermutungen, Vorurteile und Zeugnisse, aus denen dieses Buch besteht, werden als Ganzes dargeboten und sollen in ihrem Zusammenhang betrachtet werden. Es sind keine Vorschriften, wie man üben oder was man spielen soll. Es sind eher Versuche eines Musikers, seinem Beruf gerecht zu werden.

Die Übungen entstanden über Jahrzehnte; natürlich habe ich mich schon immer bemüht, beweglich und gesund zu bleiben. Ich muß daher mit aller Deutlichkeit darauf hinweisen, daß die auf Yoga beruhenden schwierigeren Übungen mit Vorsicht und ohne jede Überanstrengung begonnen werden müssen.

Über das Geigenspiel

Meine Grundregel für das Spielen ist umfassend und ganz einfach: nach Gleichgewicht streben. Das vollkommene Gleichgewicht ist freilich ein unerreichbares Ideal, eine vielschichtige und unendlich komplizierte Angelegenheit. Dennoch kann man eine Art statisches Gleichgewicht erreichen, wenn man begreift, daß kein Körperteil sich bewegt, ohne eine entsprechende Reaktion in einem anderen Körperteil auszulösen; wie auch kein Blatt zu Boden fällt, ohne das Gleichgewicht der Erde zu stören. Unser höchstes Ziel ist also, ein Gefühl für geringste Gewichtsverlagerungen und Schwankungen zu entwickeln. Dieses Gespür kann nicht fein genug sein.

Es geht weniger um die Kenntnis der einzelnen Bewegungsabläufe; das wäre eine Frage der Mechanik. Vielmehr möchte ich folgendes Prinzip vermitteln: Jeder Teil des Körpers bewegt sich dann am besten, wenn er sich in Harmonie mit den anderen Knochen, Muskeln und Gliedern bewegt. Für mich ist das Geigen ein Vorgang, bei dem sich der Körper des Spielers seiner selbst und seiner inneren Harmonie bewußt wird. Diese Grundwahrheit läßt sich nicht intellektuell erfassen,

sondern nur durch Wahrnehmung, durch die Bewußt-
werdung auch der kleinsten Veränderungen und
Schwankungen, die dann, wenn sie richtig nachvollzo-
gen werden, technische Fertigkeit ermöglichen.

Sobald sich der Schüler mit der Geige vertraut gemacht hat, kann er das Erlernte vertiefen. Der Fortschritt, der sich aus der Bewußtmachung der einzelnen
Körperteile ergibt, das heißt aus deren Einbeziehung in
eine fließende Bewegung, macht sich deutlich bemerkbar. Denn alles, was nicht einbezogen wird, bleibt
immer ein Hindernis, das die fließende Bewegung und
damit den Musiker selbst hemmt. Die Ausbildung einer
differenzierten Wahrnehmung beim Spielen wird durch
eine entsprechende Sensibilisierung der emotionalen
Reaktionen ermöglicht. Aus beidem erwachsen ein besseres Gleichgewicht und eine bessere Kommunikation
zwischen Musiker und Instrument, Musiker und Publikum sowie zwischen Musiker und Musik.

Dieses instinktive Streben nach ständiger Verfeinerung finde ich faszinierend; man entdeckt es in allen
Kulturen. Das will nicht heißen, daß es überall zur Vollendung kommt; aber die Bewußtseinsentwicklung ist
verbunden mit dem Instinkt, immer kleinere Einzelheiten auf immer konzentriertere Weise zu beobachten
und umzusetzen. Das gilt fürs Kochen, fürs Massieren,
für die Liebe und fürs Dichten ebenso wie für das
Geigenspiel.

Wenn allerdings diese fortschreitende Verfeinerung
und Sensibilisierung nur wenigen Auserwählten vor-
behalten ist oder so weit vorangetrieben wird, daß weite Bevölkerungskreise davon ausgeschlossen bleiben,
dann verliert sie an Wirkung innerhalb einer Kultur – sie

wird preziös. Das trifft meines Erachtens auf die Bereiche der Interpretation und vor allem der Komposition zu. Wenn es dahin kommt, rächen sich diejenigen, die an dieser Jagd nach Finessen nicht teilhaben durften. Ich finde es erklärlich, daß in der Musik viele Formen dünnblutiger Musik in Zeiten gewaltsamer historischer Veränderungen einfach weggespült wurden; daß zum Beispiel der Französischen Revolution viele höfische Tänze und andere Verspieltheiten und Manierismen, die als typisch galten für die wenigen Auserwählten, zum Opfer fielen. Immer wenn das Feine, Raffinierte und Gefällige – alles eigentlich etwas Bewundernswertes – in starre Regeln gefaßt und bis ins kleinste Detail formalisiert wird, empfindet die Mehrheit es als überflüssig. Die Verfeinerung, nach der wir wohl alle verlangen, ist nur so lange echt, als sie mit Spontaneität und Sinn für Menschlichkeit durchsetzt ist. Musik solcher Art bleibt den Empfindungen und Wünschen vieler – und nicht nur einer Elite – verbunden. Darüber hinaus kann sich eine Kunst, die dem oftmals trostlosen Leben den Rücken kehrt, nicht halten.

Manchmal kommt es mir so vor, als ob etwas fast Einsteinsches an den Entdeckungen wäre, die man als Geiger macht. Der Geiger macht die Erfahrung, daß es nichts gibt, was gänzlich unbewegt ist; alles ist in ständiger Bewegung. Und er stellt fest, daß Raum, Geschwindigkeit und Zeit nicht unabhängig voneinander bestehen, sondern sich gegenseitig beeinflussen. Die Geschwindigkeit, mit der man spielt, bestimmt den benötigten Raum. Je mehr Töne man innerhalb einer gegebenen Zeit, je schneller also man spielt, desto kleiner wird der Raum, den man einnimmt. Dann merkt man weiterhin, daß der Raum nicht gerade, sondern gekrümmt ist. Der Geiger entdeckt diese Krümmung, wenn er beobachtet, wie er steht, wie er sein Instrument hält und wie er sich bewegt. Diese zugrundeliegende organische Einheit ist keine abstrakte Theorie, sondern eine Naturgegebenheit. Alle Materie ist durch sie geformt, und ich glaube auch, daß wir durch die Bewußtmachung dieser organischen Einheit zu Erkenntnissen über uns selbst und über unser Weltall kommen, die uns weiterbringen.

In den Pyramiden hat man unglaublich genau berechnete Monumente vor sich – dennoch Konstruktionen ohne jegliche Bewegung. Später gibt es Säulen, die ein Raumgefühl erkennen lassen. Es folgen Kuppel, Bogen und Ausleger – die Bauwerke der Menschen verraten die fortschreitende Erforschung des Raums und des Bewegungsflusses. Der Mensch hätte all diese Formen schon eher finden und nachmachen können: Er hätte sie in der Natur beobachten können – in Felsauswaschungen, in natürlichen Brücken und Spalten. Aber dieses Durchdringen des Raumes mußte mit der Zeit vor sich gehen. Ebenso verhielt es sich mit der Entwicklung der Bewegung. Der Mensch der Frühzeit muß beobachtet haben, wie Felsbrocken bergab rollten; aber eine Achse zwischen zwei Räder zu stecken und zu beladen – das war ein riesiger Sprung vorwärts! Oder das Fliegen. Die Beobachtung – oder wenn man will, das Vorurteil – lehrte uns, daß alles, was schwerer ist als Luft, nach unten fallen muß. Sobald man jedoch einem befestigten Flügel Bewegung verlieh, ließ sich das alte Vorurteil widerlegen. Geschwindigkeit wurde zum wesentlichen Bestandteil von Gestalt und Bewegung. Was als fest und unveränderlich galt, schien jetzt in Fluß zu geraten.

Und sobald man über die Geschwindigkeit verfügen konnte, mußte man Methoden entwickeln, mit deren Hilfe die Zeit genauer zu messen war. Bewegung, Raum, Zeit, Form und Beweglichkeit fügten sich zu einem Gesamtbild, das uns heute vertraut und verständlich ist. Dieser Entdeckungsprozeß legt den Verdacht nahe, daß die Menschheit in ihrer Geschichte geprägt sei von einer schwer heilbaren Blindheit, die, durch Vorurteil, Aberglaube und Trägheit verursacht, nur widerstrebend einer endgültigen Hellsichtigkeit weicht.

Das Leben eines Musikers ist auch eine Suche nach Erleuchtung und Harmonie. Die folgenden Gedanken sind das persönliche Vermächtnis jener leichtverderblichen Ware, des ausübenden Geigers.

Wozu Übungen?

Beim Geigespielen sollte es dem Verstand zur zweiten Natur werden, daß er alles routinemäßig überprüft. Man sollte fortwährend jeden Körperteil überwachen und jede Bewegung, darauf achten, ob Schultern und Nacken locker sind, Finger, Ellbogen, Handgelenke und Füße entspannt und koordiniert. Dann der Atem, die Stellung der Augen, die gesamte Körperhaltung: Ist alles harmonisch aufeinander abgestimmt? Die Bewegungen des Geigers sollten nichts Willkürliches an sich haben; sie müssen von allen Körperteilen mitgetragen werden.

Experimente lassen sich ständig machen. Man kann immer neue Übungen erfinden, um zu diesem Ziel zu kommen. Und zweifellos habe ich viele wieder verges-

sen, und es gibt Hunderte von anderen, die ich wieder-
entdecken oder neu erfinden werde. Aber hinter alldem
steht immer dasselbe Ziel: die gesteigerte Bewußtheit.
Wenn der Geiger erst einmal diesen Weg eingeschlagen
hat und einen Sinn für solche Sensibilisierung entwik-
kelt, merkt er, daß er ihn zu immer größeren Freuden
führt, zu größerer Hingabe, größerer Freiheit, ihm alle
Möglichkeiten eröffnet, und er erreicht letztlich eine
Stufe, auf der seine eigene Phantasie, seine eigenen
Vorstellungen jeden Ton prägen, den er spielt. Sobald er
erkennt, daß er auf dem richtigen Weg ist – ganz gleich
ob diese Erkenntnis eine Woche braucht oder einen
Monat oder dreißig Jahre –, wird er sich unfehlbar
verbessern. Ich bin davon überzeugt, daß man diese
Wirkung im Musiker spürt – und in der Musik; denn die
Musik überträgt die innere Harmonie des Musikers. Im
gleichen Maße, in dem der Musiker sich verbessert,
wird auch seine Musik überzeugender, zwingender und
mitreißender.

Warum gerade die Geige?

Ich habe den Eindruck, daß die Geige eine ganz besondere, einzigartige Anziehungskraft hat, die sie von anderen Instrumenten grundsätzlich unterscheidet. Ein
Kind mit einer natürlichen Neigung zur Geige befindet
sich anderen Kindern gegenüber gewissermaßen im
Vorteil. Die Gründe, die den kleinen Musiker zur Geige
führen, müssen andere sein als solche, die ein Kind zum
Beispiel zum Klavier bringen. Zum einen ist die Geige
ein handliches Instrument. Das Kind ist unmittelbar

vertraut mit Form und Klang des Instruments, es weiß, wie es sich anfühlt. Dann ist die Geige der menschlichen Stimme viel ähnlicher, um nicht zu sagen, die vergegenständlichte Stimme – eine Stimme, hörbar durch das Medium eines Instrumentes. Und nicht zuletzt: die Geige gibt es in verschiedensten Größen. Man kann sie nach Maß machen lassen.

Das Klavier dagegen ist eine umfangreichere und verstandbetontere Angelegenheit. Es bietet eine breitere Palette an Tonhöhen, Tonstärken und Möglichkeiten der Mehrstimmigkeit. Die Tastatur ist bereits vorhanden, man beginnt also gleich auf einem gänzlich anderen, viel »erwachseneren« Niveau. Das Klavier ist weder klein noch handlich, nichts, was man in die Arme schließen kann. Ganz im Gegenteil: Es bietet sich dar wie ein strahlend weißes Gebiß auf einem schweren mechanisierten Körper. Die Klaviatur bleibt immer dieselbe, ob man nun als Kind darauf spielt oder als Erwachsener. Man kann nicht wie bei der Geige klein anfangen und das Instrument je nach Alter und Größe wechseln. Um das Beste aus dem Klavier herauszuholen, muß man intellektuelle Zusammenhänge, harmonische Fortschreitungen nachvollziehen können. Unter den Händen eines großen Virtuosen kann es zwar sangliche Effekte hervorbringen, aber an und für sich ist es kein Melodie-Instrument.

Es gibt natürlich auch Musiker – ich habe viele kennengelernt, Namen wie Kreisler und Enesco kommen mir als erste in den Sinn –, die Geige und Klavier spielen. Ohne Zweifel ist das Klavier ein höchst nützliches Instrument, besonders wenn man eine Partitur vor sich hat, außerdem ist es durchaus möglich, beide

Instrumente gleichermaßen zu beherrschen. Mancher Musiker hält es vielleicht nicht einmal für ausgeschlossen, daß man auf beiden Instrumenten die gleichen Dinge vollbringen kann. Ich will also nicht behaupten, es sei etwas Exklusives an der Geige; trotzdem hat man zu ihr einen ganz anderen Zugang.

Kehren wir zurück zur natürlichen Vorliebe eines Kindes für die Geige. Die Gründe sind klar ersichtlich. Zur Geige entwickelt man eine enge Beziehung; ein Kind kann das Instrument ebenso leicht zur Hand nehmen wie seinen Teddybär. Auf der Geige muß man seinen eigenen Ton und Klang erst schaffen, ja es ist die eigene Stimme, die man durch sie zum Klingen bringt oder zu bringen lernt. Das Klavier hat schon einen vorgefertigten Ton. Man kann zwar – ein überaus verfeinertes Unterscheidungsvermögen vorausgesetzt – den einzelnen Pianisten am Anschlag erkennen. Aber Klang, Ton und Stil des Geigers sind unmittelbar herauszuhören, aus dem einfachen Grund, weil das Geigenspiel den ganzen Körper erfordert, viel mehr, als das beim Klavierspiel der Fall ist. Das Klavier erfordert die Einbeziehung aller Extremitäten, der Füße, Finger und des Kopfes. Die Geige dagegen beschäftigt zudem alles, was dazwischenliegt: Hals, Arme, Ellbogen und Beine. In gewisser Weise kettet die Geige ihren Spieler – oder vielleicht sollte man besser sagen: ihr Opfer – an sich.

Die Geige ist ein Melodie-Instrument. Daß ein Kind gern singt oder Freunde und Eltern singen hört und daß es seine Gefühle ausdrücken will, kann dazu führen, daß es die Geige wählt. Eine Kinderstimme ist hoch, und deshalb liegt dem Kind die Geige mehr als das tiefer klingende Cello, das zudem viel größer und unhandlicher ist und mit dem man beim Üben nicht im Zimmer umhergehen kann. Sicher wird sich ein Kind mit einer angeborenen Neigung zu Mathematik, zu Ordnung und Musiktheorie eher zum Klavier hingezogen fühlen, das vom Musikalischen her viel nüchterner ist. Ein Geiger kann sich alles leisten, wenn er nur einen schönen Ton hat, ähnlich dem Tenor. Ist ein Tenor auch noch so dumm – er braucht nur eine hinreißende Stimme zu besitzen. Falls er obendrein noch intelligent ist, bedeutet das ein Geschenk des Himmels. Normalerweise genügt es, wenn er singen kann, wenn er uns rührt, wenn er das berühmte Schluchzen in der Stimme hat. Und bis zu einem gewissen Grad trifft das auch auf die großen Geiger der Vergangenheit zu. Sie brauchten sich nicht allzuviel um Stil oder Kammermusik zu kümmern oder gar darum, wie die anderen spielten. Sie hatten es nicht nötig, andere Stimmen zu hören. Es genügte, auf sich selbst zu hören.

Der Pianist dagegen muß etwas objektiver hören, er muß die Form erfassen, und eine Klavierkomposition besteht aus sehr viel mehr Tönen als ein Stück für Geige, nicht nur wegen der polyphonen Möglichkeiten des Tasteninstruments, sondern auch wegen der Akkorde und Akkordbrechungen, die in den verschiedensten Kombinationen gespielt werden müssen. Der Pianist muß alle zehn Finger benutzen, er kann viel schneller spielen als ein Geiger. Der muß mit vier Fingern auskommen und kann es an Schnelligkeit niemals mit einem Pianisten aufnehmen; nie kann er auch nur im entferntesten so kraftvoll losdonnern. Aber gerade solche Dinge fallen einem Kind sehr schwer. Und sie erfordern eine bestimmte geistige Einstellung.

Daß Kreisler, Heifetz und Elman so unterschiedlich spielten, war mir immer wieder ein Genuß. Aber selbst wenn sie aus derselben Schule stammen, haben die Geiger ihre Eigenheiten. Das wohl homogenste Orchester, das mir je begegnet ist, habe ich in Ljubljana gehört, wo vormals Ševčik oder einer seiner Schüler wirkte und die Musiker methodisch ausbildete. Selbst die russische Schule von Auer, der Heifetz, Zimbalist und Elman ausgebildet hatte, brachte keine völlig identischen Geiger hervor. Wie auch? Jeder Spieler hat es mit dem eigenen Körper zu tun, mit langen oder kurzen Gliedmaßen, mit seinem Gewicht und seiner Tongebung.

Natürlich erkennen wir die Begabung, wenn wir es mit einem talentierten Kind zu tun haben. Wir wissen auch, daß wir auf einer grundsätzlich vorhandenen Stärke aufbauen. Sie ist es, die, in der Kindheit entwickelt, dem Geiger durch das Leben hilft und ihn hoffentlich die vielen Gefährdungen umgehen läßt, die vor ihm liegen. Das Kind träumt davon, auf geradem Wege zum Ziel zu kommen, ohne all die mühseligen Zwischenstufen. Diese heitere Unschuld ist in gewisser Weise vorteilhaft, weil sie über die schwierigen Zwischenstufen hinweghilft. Die Flexibilität des heranwachsenden Kindes ermöglicht es ihm, mit ziemlich vielen Unzulänglichkeiten fertig zu werden, weil es einfach über sie hinauswächst. Dieses Potential ist aber erschöpft, sobald der Körper ausgewachsen und nicht länger in der Lage ist, Unarten zu kompensieren. An diesem Punkt muß der Geiger seinen Verstand einsetzen, seinen eigenen Weg suchen und seine Spielweise selbst verantworten. In diesem Stadium müßte sich eine umsichtige Früherziehung allmählich auszahlen.

Allerdings gerät ein Kind, das unter den Augen rigoroser Eltern oder unerbittlicher, ehrgeiziger Lehrer sechs bis acht Stunden am Tage üben muß, später vielleicht in unüberwindliche Schwierigkeiten, wie das einigen Geigern ergangen ist, die dann zusammenbrachen, manchmal sogar Selbstmord begingen oder verrückt wurden. Ich habe solche Fälle erleben müssen.

Wenn man gewissermaßen völlig abhängig geworden ist von ungestörten Übungsstunden mit strenger Disziplin, können sich natürlich Spannungen aufbauen, sobald man sich selbst in der Welt zurechtfinden muß, sich Zeit für all das nehmen, was zum alltäglichen Leben dazugehört. Oftmals kann man sich dann auf einmal die vielen Übungsstunden nicht mehr leisten, die früher auf Kosten des Lebens zur Verfügung standen. Da er kurzgehalten wurde, hatte ein solcher junger Geiger für nichts anderes Zeit, keine Zeit für Kammermusik, keine Zeit für Musik gleich welcher Art – nur Zeit für den alleinigen Umgang mit seiner Geige. Er hat weder weitgestreute Interessen entwickelt, noch kann er länger so arbeiten wie zu der Zeit, da er so lebte, als gäbe es nichts anderes auf der Welt als sein Gefiedel, und allmählich wird er von widerstreitenden Interessen zerrissen, die allesamt seine Zeit beanspruchen: öffentliche Aufgaben, Eheleben, Kinder und sonstige Verpflichtungen – jede Stunde, jede Minute muß jetzt abgewogen werden vor dem Hintergrund eines ständig schwindenden Vorrats an Lebensjahren, in denen man üben und seine Fertigkeiten vervollkommnen müßte. Denn, wie jeder Geiger weiß, es kommt unwiderruflich eine Zeit, in der man nicht mehr so weitermachen kann wie zuvor.

Unter diesem düsteren Aspekt leben zu müssen zehrt an den Kräften. Deshalb sollte man die erste Begeisterung des jungen Geigers, die ihm über viele Schwierigkeiten hinweghilft, gutheißen und fördern und zugleich darauf achten, daß sich möglichst alle Seiten des Lebens und der Musikalität entwickeln. In diesem zarten Alter zeigt der Anfänger die größte Bereitwilligkeit, die natürlichen Beziehungen zu einem Instrument wie der Geige zu erkennen und auf ihnen aufzubauen.

Es gibt nach meiner Meinung noch einen weiteren Anziehungspunkt der Geige für ein phantasiebegabtes Kind. Seit meiner frühesten Kindheit war der Geiger für mich ein von Romantik umwitterter fahrender Spielmann. Vielleicht hängt das damit zusammen, daß alle Geiger, die ich kannte, ganz woanders geboren waren, weit weg von San Francisco. Ich fand diese Ahnung bestätigt, als ich mit elf Jahren in Rumänien Zigeuner kennenlernte. Instinktiv sprach ich auf die Art an, wie ihre Musik mein eigenes Sehnen, meine Verzweiflung und meine Trauer ausdrückte. Dieses Wiedererkennen wirkte in mir, wie es in Tausenden von russisch-jüdischen Geigern gewirkt haben muß und noch in vielen Menschen zahlreicher Kulturen wirkt, als ein Verlangen nach Emanzipation, nach einer befreienden Stimme.

Die Geige ist das Instrument der armen Leute, aber sie ist merkwürdigerweise auch das Instrument, welches dem einzelnen die größten und unmittelbarsten Ausdrucksmittel bereithält. Sie läßt den einzelnen, ein ganzes Volk für und von sich selbst sprechen. Ich erinnere mich an einen Besuch in einem Moskauer Museum für Volksmusikinstrumente: Ich traute meinen Augen kaum, als ich Hunderte und Aberhunderte

23

von verschiedensten Geigen sah, in allen denkbaren Größen, Formen, Bauweisen – manche darunter sahen überhaupt nicht wie Geigen aus. Aber alle hatten vier Saiten und wurden mit einem Bogen gespielt; sie waren von irgendeinem Dorfhandwerker angefertigt, und man konnte sie mit sich herumtragen. Diese grobschlächtigen, derben Fideln waren bäuerliche Volksinstrumente, die von einer unendlichen Findigkeit zeugten. Ein solches Instrument war nicht kleinzukriegen. Wenn es naß wurde oder kaputtging, konnte es ganz einfach repariert oder ersetzt werden.

Das Instrument für die Landbevölkerung, für Juden und Zigeuner – dieses Erbe liegt dem Beruf des Geigers zugrunde. Ich glaube, daß Juden und Zigeuner eine Menge voneinander gelernt haben, besonders in Südrußland und in Rumänien. Die Melodien der Zigeuner erinnern an die chassidischen Melodien, die mein Vater sang. Ich weiß noch, wie er von dieser Ähnlichkeit betroffen war – Enesco übrigens auch. Jenes Saiteninstrument gab es auf jedem gesellschaftlichen Niveau: Im ärmsten Dorf wurde es auf Hochzeiten und zum Tanz gespielt, wie Chagall es auf seinen Bildern festgehalten hat. Ein Arme-Leute-Instrument – ohne jede Frage, aber eins, das sich aufschwingt bis zu den herrlichen Instrumenten Stradivaris und anderer italienischer Geigenbauer, die Welten entfernt sind von den primitiven Urfideln, Höhepunkte einer vom Ohr bestimmten Kunst der Holzbearbeitung.

Dieser »handfeste« Umgang ist im Grunde echt, authentisch und spielt wahrscheinlich in den besten Violinschulen gar keine Rolle mehr. Handfest – und doch ist die Geige ein sehr zerbrechliches Instrument:

Die Saiten reißen, sie muß ständig gestimmt werden, und der Bogen muß die richtige Spannung haben. Damit muß der Spieler umgehen lernen. Manchmal glaube ich, daß die modernen Geigenschulen und -methoden genau das übersehen. Sie lehren nicht, wie man die Violine hält oder handhabt. In keiner Beziehung. Deshalb achte ich darauf, daß das Kind, das in seinem naiven Zutrauen eine Geige zur Hand nimmt, darauf spielt und mit ihr spielt, erforscht, welche unendlichen Möglichkeiten von Tönen und Klangfarben sie birgt, und selbst herausfindet, welcher sein eigener Ton ist.

Übungen: 1

Auf eigenen Füßen stehen

Die Zukunft des Geigers ruht sozusagen auf seinen Füßen. Man muß lernen, die Zehen zu spreizen und dadurch den Fußrücken zu kräftigen. Das ist wichtig, weil der Geiger kaum je seine Füße entlasten kann. Senkfüße, falsch belastete und steife Füße beeinträchtigen die notwendige Elastizität; außerdem sind sie schmerzhaft und hinderlich.

Meiner Meinung nach muß der Geiger von unten nach oben aufgebaut werden. Wer diese Bodenübungen ausführt, die vom Zehenspreizen bis zu einfachen Atemübungen reichen, macht vielleicht die gleichen Beobachtungen wie ich: Man spürt automatisch eine Reaktion in den Händen, wenn man die Füße übt. Ganz

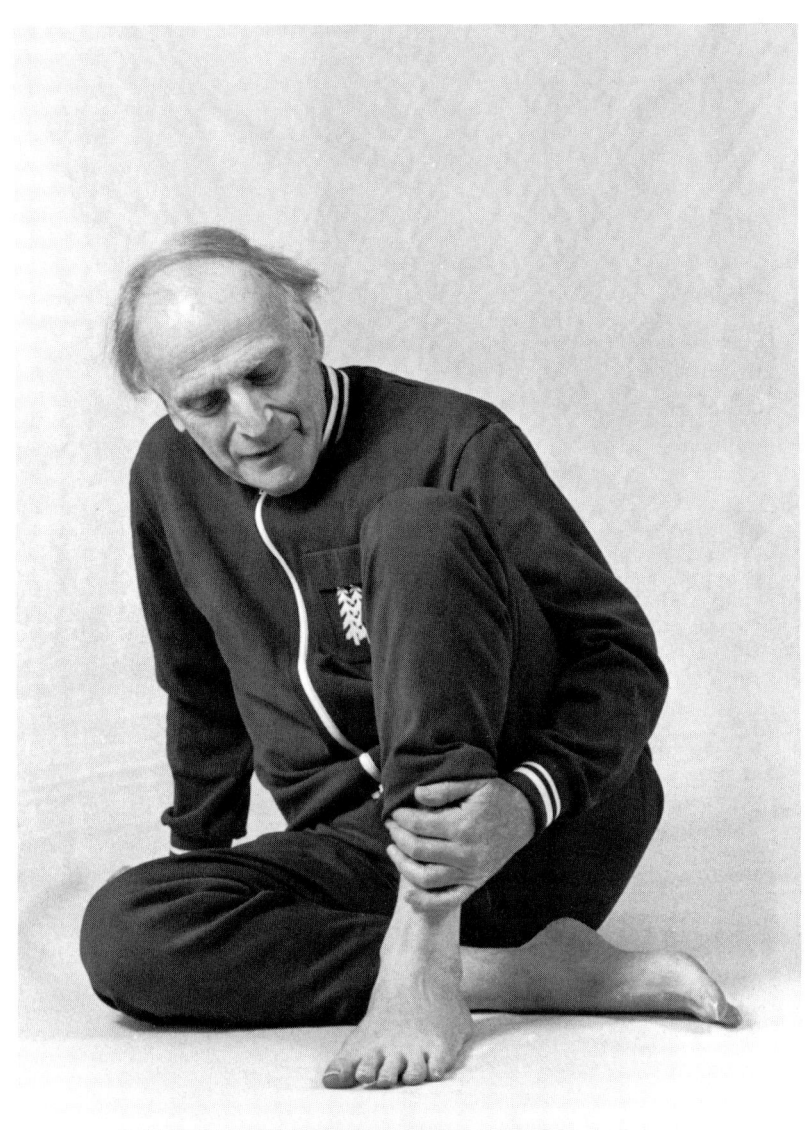

Abbildung 1

unwillkürlich wollen die Hände dasselbe tun wie die Füße.

Zehen

Am besten setzt man sich hin, damit man die Füße genauer beobachten kann. Soviel Gewicht wie möglich auf den Fuß verlagern, der fest auf dem Boden steht (1). Jetzt die Zehen ganz weit spreizen, dabei den Zeigefinger leicht an den kleinen Zeh legen (2). Nun die Zehen schließen und dem Druck des Fingers entgegenwirken.

Die Übung abwechselnd mit beiden Füßen machen.

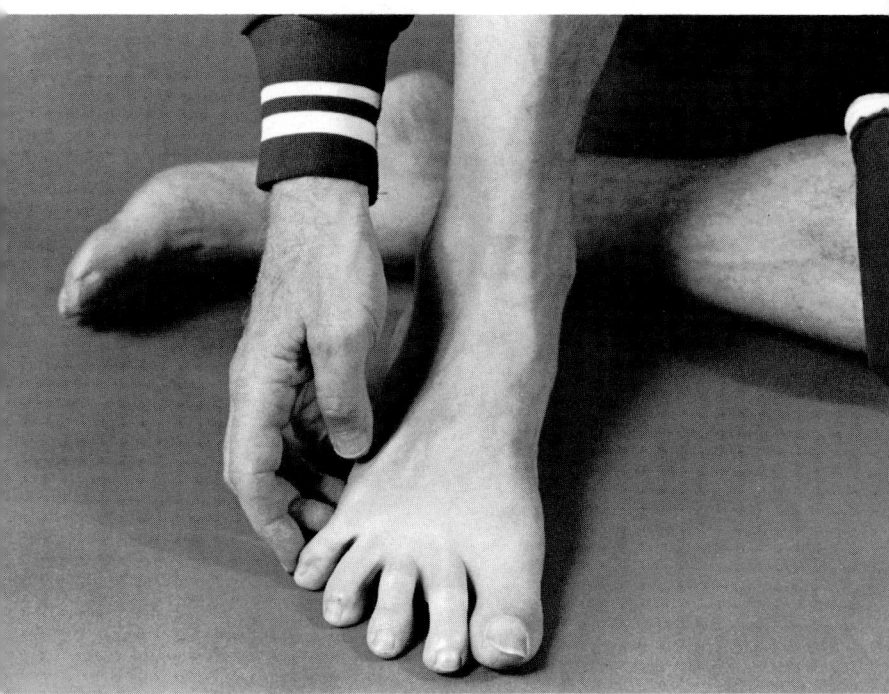

Abbildung 2

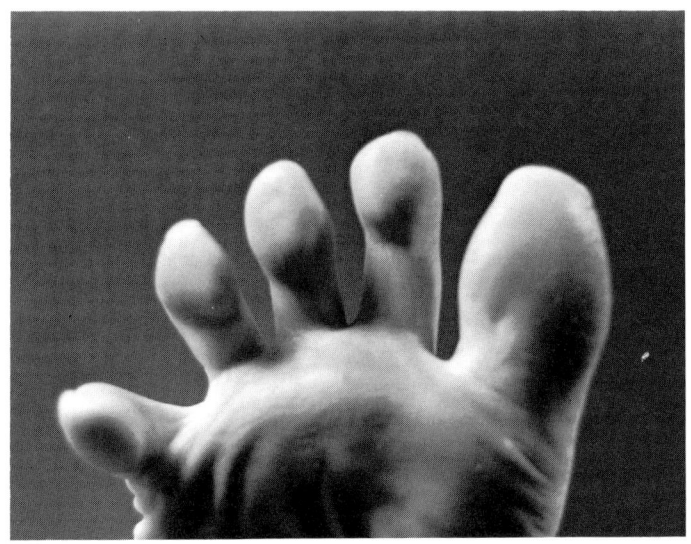

Abbildung 3

Fußrücken

Wie bei der vorigen Übung hinsetzen, der eine Fuß ruht entspannt auf dem Boden. Dann den Fuß anziehen, dabei die Zehen nach oben biegen und spreizen. Der Fußrücken erhöht sich dabei. Bis zehn zählen, dann lockern.

Mit jedem Fuß dreimal hintereinander.

Der Fuß hat zwei Kanten, innen und außen. Wenn man die Übung richtig macht, hebt und stärkt sie auch die äußere Fußkante.

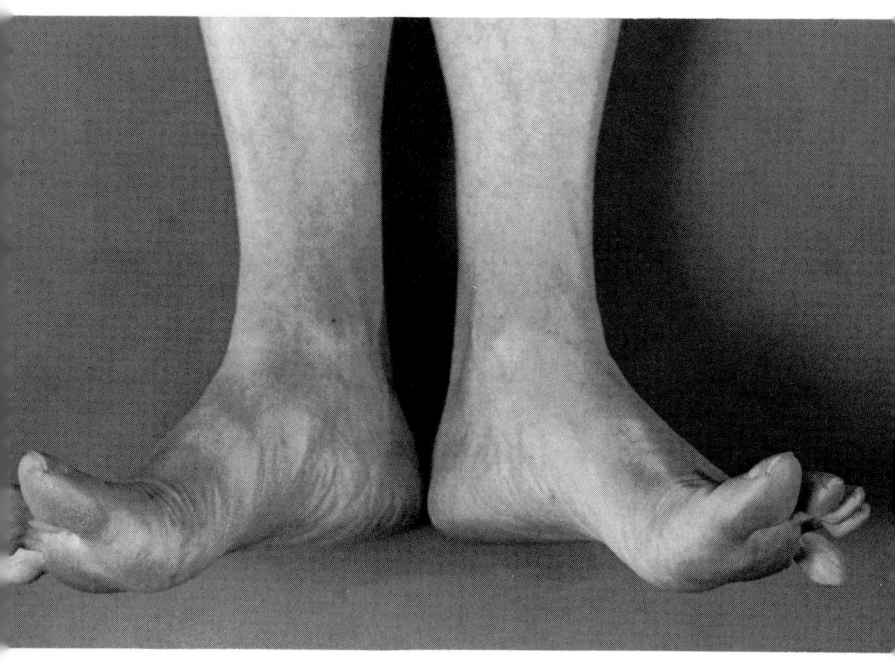

Abbildung 4

Und noch einmal die Zehen

Auf den Boden setzen oder legen, Füße und Zehen sind ganz locker. Dann die Zehen beider Füße so weit wie möglich spreizen (3). Bis zehn zählen.

Dann hinsetzen und die Beine strecken. Bis fünf zählen und wieder lockern.

Jetzt die Zehen nach oben spreizen, zum Körper hin (4). Die Füße nehmen dabei dieselbe Position ein wie bei der Übung für den Fußrücken. Bis fünf zählen, dann lockern. Abwechselnd nach unten und nach oben spreizen.

Abbildung 5

Dehnübungen

Diese Übung dehnt verschiedene Körperteile: Zehen, Füße, Knöchel, Beine, Leisten, Seiten, Schultern und Nacken. Hinsetzen und ein Bein anwinkeln (5), das andere auf dem Boden gerade ausstrecken. Jetzt den großen Zeh umfassen, den Oberkörper seitlich beugen und über die Schulter schauen. Den Oberkörper so weit wie möglich drehen, so daß man die Dehnung von den Waden bis zum Gesäß, in den Seiten und in der Leisten-

Abbildung 6

gegend spürt. Bis zehn zählen. Dann dieselbe Übung mit dem anderen Bein. Mit jedem Bein sechsmal hintereinander üben.

Sodann beide Beine leicht gegrätscht ausstrecken, Oberkörper vorbeugen und die großen oder alle Zehen anfassen. (Kann man anfangs die Zehen nicht erreichen, die Fußgelenke oder wenigstens die Beine so weit vorne wie möglich umfassen.) Die Beine fest gegen den Boden drücken, das Kreuz nach vorn drücken und an den Zehen ziehen. Das ist der Trick: beugen und ziehen!

Galoppieren

So nenne ich diese Übung, weil sie dem Rhythmus eines galoppierenden Pferdes ähnelt. Es ist eine Übung der Gegensätzlichkeiten, der Gegengewichtungen. Wenn das rechte Bein nach oben kommt und sich nach links dreht, gehen die Arme nach rechts.

Das Bein hochheben und nach links bewegen; dabei dreht sich der Körper nach links. Die Arme in die Gegenrichtung strecken, um den Körper im Gleichgewicht zu halten.

Wenn der Körper ganz gestreckt auf der linken Seite liegt (6), die Übung mit dem linken Bein machen. Man sollte sie rhythmisch ausführen und sich selbst den Takt geben. Je sechsmal genügt.

Atmen

Atemübungen sind zur Entspannung ideal. Ich mache diese hier gern im Lotussitz (7), das ist jedoch nicht unbedingt erforderlich. In bequemer Haltung, aufrecht und im Gleichgewicht niedersetzen. Daumen und Zeigefinger auf die Nasenflügel (knapp unter dem Nasenrücken) legen. Das rechte Nasenloch zuhalten und durch das linke langsam einatmen, dabei bis fünf zählen. Jetzt das linke Nasenloch zuhalten und durch das rechte langsam ausatmen. Machen Sie die Übung in einem bestimmten Rhythmus: links einatmen, links zuhalten, rechts ausatmen, rechts zuhalten. Die Zeitspannen kann man variieren, Ziel ist eine langsame Regelmäßigkeit – man darf sich aber nicht durch erzwungene Langsamkeit in Atemnot bringen!

Die Grundregel

Zum Atmen gibt es eine Grundregel, die man erfahrungsgemäß nach einiger Übung ganz von allein einhält. Sie sollte allen Übungen zugrunde liegen. Die ständigen lästigen Aufforderungen, an die Sie sich gewiß aus Ihrer Jugendzeit erinnern – »Sitz gerade!« oder »Zieh den Bauch ein!« usw. –, sind völlig sinnlos, wenn man nicht versteht, zu welchem Zweck man einatmet. Die richtige Anweisung sollte heißen: »Atme gegen den Widerstand der Wirbelsäule!« Das heißt, man stelle sich den Atem vor wie einen Ballon, der die Lungen, den Magen und den Unterleib ausfüllt und dabei gegen die Wirbelsäule drückt. Dieses Gefühl erfährt man am besten auf folgende Weise:

– Auf den Fußboden legen.
– Das Kreuz fest gegen den Boden drücken.

- Tief einatmen gegen den Widerstand des Bodens, der gegen den aufliegenden Rücken drückt.
- Ausatmen gegen denselben Widerstand.
- Aufstehen, tief einatmen und dabei fühlen, wie der Luftballon gegen die Wirbelsäule drückt.

Diese Übung kann man im Liegen, Stehen, Gehen und beim Geigen machen.

Ein bißchen Übung und Konzentration zahlen sich aus. Man spürt, wie der Körper lebendiger und bewußter wird, er ist leichter und ermüdet nicht so rasch.

Atemübungen kann man auch im Bett vor dem Aufstehen machen. Andere Übungen ebenso, sogar ohne daß man den Bettpartner stört. Es ist erstaunlich, wie viele Bewegungen man mit dem Kopf und mit Partien von Gesicht und Kopf machen kann. Man kann zum Beispiel die Kopfhaut bewegen und diese Bewegungen mit den Fingern fühlen; die Augen rollen oder hin und her bewegen. Man kann sie weit aufreißen und wieder fest schließen. Manche können die Ohren bewegen. Man kann sie auch massieren, spiralförmig vom Gehörgang hin zum Ohrläppchen; am Ohr sind überraschend viele Nervenenden lokalisiert, weshalb hier Akupunktur und Akupressur besonders gut wirken. Den Mund kann man weit öffnen und wieder fest schließen, die Zunge gegen den Gaumen drücken oder gegen die zusammengebissenen Zähne. Man kann die Zunge ganz weit herausstrecken und wieder zurückziehen. Das Kinn läßt sich seitwärts, nach vorn und nach hinten bewegen. Die Backen kann man üben, indem man abwechselnd lächelt und den Mund spitzt. Auch den Nacken kann man anspannen und lockern.

Abbildung 7   35

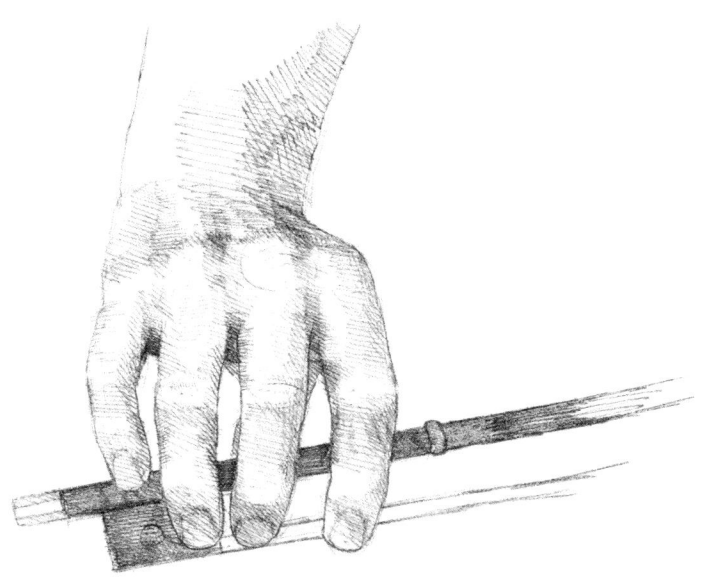

Auf Tournee

Ich bin über fünfzig Jahre lang auf Tournee gewesen, und eine meiner regelmäßigen Routen ist die jährliche Konzertreise in die Vereinigten Staaten. Seit einigen Jahrzehnten unternehme ich sie immer im Frühjahr. Sie dauert etwa acht Wochen, in denen ich fünfundzwanzig Konzerte in ungefähr fünfzehn größeren und kleineren Städten gebe.

Ein Reisetag

Heute bin ich zum Beispiel in Cleveland und freue mich über den Luxus einer ganzen Woche an einem Ort. Das ist ein wohltuender Gegensatz zu den Kurzaufenthalten von nur einer Nacht, die unvermeidlich, aber anstrengend sind. Gewöhnlich bleibt man länger, wenn man mit einem Orchester zusammenspielt, weil man dann meist zwei bis drei Konzerte in derselben Stadt gibt. Das bedeutet natürlich auch Extraproben, und so erscheinen diese Aufenthalte länger, als sie in Wirklichkeit sind – was man auf einer langen Tournee als sehr angenehm empfindet. Aber ob nun kurz oder lang – eines haben sie gemeinsam: die Arbeit. Auf Tournee ist es kaum, wenn überhaupt, möglich, nicht zu arbeiten. Man ist völlig eingekapselt in einem Beruf, der unaufhörlich Belastungen und Anforderungen mit sich bringt.

Das Repertoire ist natürlich vorbereitet. Ich weiß, daß ich auf dieser Tournee Konzerte von Berg, Elgar, Bruch und Beethoven spielen werde, bei jedem Konzert andere Werke. Einiges muß ich auch einschieben, was ich seit Jahren nicht mehr gespielt habe – Händels e-Moll-Sonate sowie ein paar reizvolle kleine Stücke von Debussy, Kreisler und Bloch. Meine Interpretation muß ausgefeilt sein und vor allem: frisch. Um das auch nur annähernd zu erreichen, muß ich mich gesellschaftlichen Verpflichtungen soweit wie möglich entziehen. In Cleveland jetzt habe ich mich daran gehalten; nur nach dem ersten Konzert bin ich auf eine kleine Party gegangen. Das zweite Zugeständnis galt einem alten Freund aus Kindheitstagen in Cleveland. Vor gut mehr als fünfzig Jahren sind wir hier einander begegnet und haben gemeinsam mit der elektrischen Eisenbahn gespielt. Er ist jetzt ein liebenswürdiger alter Mann, leider an den Rollstuhl gefesselt, und mir macht es großes Vergnügen, mit ihm und seiner Frau zu Mittag zu essen. Ansonsten ist meine Verbindung zur Außenwelt auf das Telefon beschränkt, gewöhnlich nur zwei bis drei Anrufe pro Tag. Vor allem telefoniere ich natürlich mit meiner Frau Diana. Dann gibt es Dinge zu regeln mit der Konzertagentur in New York oder in London; eine Verabredung vielleicht mit einem Bekannten oder ein telefonisches Interview. Aber die meiste Zeit und Kraft gilt allein der Musik, dem Geigenspiel.

Diese Empfindung, ganz ruhig und ungestört arbeiten, sich völlig der Geige widmen zu können, die während der Tournee den unbedingten Vorrang vor allem anderen hat, ist in vieler Weise zutiefst befriedigend. Vielleicht ist die Lebensführung, die ich eben beschrieben habe, das Bild eines Gefangenen in der engen Zelle eines einsamen Hotelzimmers, übertrieben einseitig – die Wirklichkeit ist ganz anders; denn in dieser Isolation herrscht große Freiheit. Da ist zunächst die ganz praktische Seite: Ich muß mich nicht erst bemühen, Zeit zum Üben und Nachdenken zu finden, wie ich das zu Hause oder unter normalen Umständen tun muß. Hier ist die Geige bei mir, Tag und Nacht, mein ständiger Begleiter, der nur selten schweigt. Sie kann wunderschön klingen und bei richtigem Umgang reichlich die Stunden entgelten, die man ihr geopfert hat. Ein solcher Tag hat überhaupt nichts mit einem Tag Büroarbeit zu tun. Man ist nahezu befreit von der Tyrannei der Zeit. Die Stunden müssen nicht unbedingt verplant sein, abgesehen von den Proben mit dem Orchester oder dem Pianisten. Aber auch das läßt sich arrangieren. So wird der Tag tatsächlich nur von den eigenen Neigungen bestimmt. Dieses Leben hat etwas ganz Eigenes an sich mit dem Wechsel von völliger Isolierung und den plötzlichen Einbrüchen öffentlicher Konzertauftritte: die wundervolle Befriedigung, die beste Interpretation, die mir möglich ist, erarbeitet zu haben und die Anerkennung meiner Kollegen zu finden; äußerste Konzentration eingesetzt, einen kleinen Teil meines Lebens hergegeben zu haben für das, was mich am meisten angeht, was mein ureigenstes Anliegen ist.

Wie funktioniert das alles? Ich habe die Zeit nicht *an* der Hand – ich habe sie *in* der Hand. Ich stehe auf, und nach verschiedenen Ritualen – dazu gehört eine heiße Dusche, meine Übungen und danach vielleicht ein bißchen Ausruhen – setze ich mich einfach hin und nehme meine Noten vor. Vielleicht mag ich mich nicht gleich in die Arbeit stürzen. Die Überei kommt schon noch dran, aber das hat Zeit. Wichtig ist, das Üben nicht unter Zeitdruck zu beginnen, unter dem zwanghaften Gefühl, der Tag sei allein zum Üben da. Genauso wichtig ist, daß man sich rundum wohl fühlt, körperlich und geistig entspannt, ganz bereit, nun mit der Arbeit anzufangen. Zum Glück braucht die Geige Pflege. Vom ästhetischen Standpunkt betrachtet ist die Geige das allerschönste Instrument, und zu meinen häuslichen Vergnügungen zählt es, alle paar Wochen meine Geige blank zu polieren und neue Saiten aufzuziehen. Für die Ohren ist sie eine Wohltat, besonders, wenn man wie ich mit einem Dämpfer übt: Der Ton wird dann leise, sanft und weich. Ich benutze die großen, schweren Metalldämpfer, die ich sehr angenehm finde, weil man sich mit ihrer Hilfe ganz auf alle interpretatorischen Einzelheiten konzentrieren kann, ohne ständig den vollen Klang hören zu müssen. Diese Art des Zuhörens habe ich auf dem Podium; nach jahrelanger Erfahrung kommt das von ganz allein. Mein Hauptinteresse gilt der Erzeugung und Vervollkommnung der Töne – zunächst nur für mich selbst, ohne den krönenden »großen Ton«. Ich halte es für sehr wichtig, eine solche Tongebung aufzusparen, damit man sich nicht mit gleichsam ständigen öffentlichen Konzerten zu Hause verausgabt. Üben ist eine Angelegenheit zwischen dem Musiker und seinem Instrument, es ist nicht für Ohren und Augen Außenstehender gedacht.

Geigenspiel ist natürlich auch eine Sache des Tastsinns. Es ist etwas Sinnliches: Die Finger sind ebenso beteiligt wie das Ohr. Die Geige ist ein unendlich empfindliches, taktiles Instrument; ihre schwingenden Saiten sind lebendig, die Finger müssen sehr genau, sensibel und ausgewogen abgreifen.

Die Außenwelt dringt nicht oft in mein Hotelzimmer ein, wenn ich übe; aber ab und an habe ich Verkehr mit ihr. Manchmal habe ich plötzlich das Bedürfnis, eines meiner Kinder anzurufen oder einen Bekannten. Das Telefon ist meine Nabelschnur zur Welt. Manche Menschen kaufen etwas aus einem Impuls heraus – ich telefoniere, einer ähnlichen Anwandlung folgend. Durch meine Telefongespräche gewinne ich intellektuelle, abstrakte Freundschaften, eine Art distanzierter Gemeinsamkeit. Die Geige dagegen bietet mir die unmittelbare Gemeinsamkeit einer lebendigen Gegenwart. Das Rollenverhalten, das ansonsten in der Welt herrscht, scheint sich auf Tourneen ins Gegenteil zu verkehren. Menschen sind weit weg, nur »fernmündlich« zu erreichen, doch die Geige ist da und den Sinnen unmittelbar zugänglich.

Es ist erstaunlich, zu welchen Leistungen einen die Isolierhaft in einem Hotelzimmer beflügeln kann. Des öfteren habe ich neue Werke oder neue Programme mit Hilfe dieser Methode der völligen Abgeschirmtheit einstudiert. Ich denke an die Wiedererarbeitung des Violinkonzerts von Schostakowitsch für Zürich. Mir blieben nur drei Tage zur Vorbereitung in einem Wiener Hotel, ich arbeitete rund um die Uhr – den Wechsel von Tag und Nacht nahm ich überhaupt nicht wahr. Ich ging schlafen, wenn ich müde wurde. Sobald ich wach war und mich danach fühlte, übte ich, so lange ich konnte. Was um mich herum passierte, bekam ich überhaupt nicht mit. Das klingt recht asketisch, aber für mich war es gefühls- und verstandesmäßig sehr befriedigend. Man ist dabei gar nicht einsam und verlassen. Im Gegenteil: Solche Tage scheinbarer Einsamkeit sind voll von herrlicher Musik und unaussprechlicher Befriedigung bei der Suche nach einer Vollkommenheit, an der man sich messen muß. Bei dieser Arbeitsweise entdeckt man täglich Ungeahntes, neue Feinheiten, neue Möglichkeiten, unerschöpfliche Belohnungen – immer mit Blick auf die Geige. Ständig gehen mir neue Welten hoher Faszination und Bedeutsamkeit auf, die mir bislang verborgen geblieben waren.

Natürlich muß ich auch essen. Solomahlzeiten haben viel für sich. Da ihnen die Freuden der Tischgesellschaft fehlen, sind sie der Arbeit nie abträglich. Man kommt nicht in Versuchung, mit den zwei oder drei Mahlzeiten, die den Tag gliedern, Zeit zu vertrödeln.

Ich besorge mir immer einen Vorrat an Nahrungsmitteln, die ich mag. Auf diese Weise kann ich nicht nur meinen Appetit befriedigen, sondern bewahre mir auch soweit wie möglich meine Autarkie. Ich beschaffe mir möglichst die Grundnahrungsmittel selbst: Kleie, Weizenkeime, viel Obst und Joghurt. In großen Städten, wo Reformhäuser und Läden mit Vollwertkost aus dem Boden schießen und wo auch gutes Brot erhältlich ist, geht das ohne Schwierigkeiten. Ich habe eine Vorliebe für Brot aus Weizen, Roggen und Hafer, Brot mit Rosinen, Nüssen und Bohnensprossen. Man lernt recht bald, was die Städte an Lebensmitteln zu bieten haben. New York zum Beispiel ist immer gut in Molkereiprodukten, Ziegenmilch, Joghurt und Käse, in frischem Gemüse und Salaten. Es gibt selbstverständlich auch einen Zimmerservice, der Mahlzeiten liefert. Von Zeit zu Zeit erliege ich der Versuchung und bestelle mir Fisch, Salat, Kartoffeln und irgendein Gemüse; vielleicht auch eine Suppe. Aber nie und nimmer rühre ich Alkohol an, Zucker, Weißbrot oder Süßspeisen. Heutzutage muß man auch mit Schalentieren vorsichtig sein. Alle paar Wochen bestelle ich mir gegrillten Hummer; aber selbst meine geliebten amerikanischen Muscheln sind mir verdächtig geworden, und sehr mißtrauisch bin ich gegenüber Austern und Garnelen. Und natürlich mache ich einen großen Bogen um all die kleinen Leckereien, die gewöhnlich in den Hotelzimmern bereitstehen: diese kleinen Käseecken, in denen alles mögliche drin ist, nur kein Käse; die obligatorische Flasche Wein, die Frischhaltepackungen aus Chemie und krebserregenden Substanzen. Meine Reisen durch Amerika haben in mir die Überzeugung gefestigt, daß dieses Land von einer reinen Selbstmordgesellschaft bevölkert ist. Das Saccharin in den kleinen rosa Tütchen trägt die Aufschrift:»Dieses Erzeugnis kann gesundheitsschädigend sein. Tierversuche erwiesen es als krebserregend.« Es ist schon sehr verwunderlich, daß Menschen bei solch dubiosen Gemischen noch gedeihen können. Auf jeden Fall gedeiht die Lebensmittelindustrie. Manchmal frage ich mich, ob diese allgemeine Gleichgültigkeit einmal zu Ende geht – oder ob es sich um den Tanz einer zum Tode verurteilten Endgeneration auf dem Vulkan handelt.

Wenn man in einem Hotelzimmer eingeschlossen ist – um nicht zu sagen: eingekerkert (ich empfinde es nicht so!) –, sind Leibesübungen eine weitere Notwendigkeit. Neulich stieß ich während eines Flugs auf eine Zeitungsreklame für ein typisch amerikanisches Angebot origineller Geschenkartikel für den körperbewußten Zeitgenossen. Es gab da alles mögliche: Geräte zur Unterhaltung während des Trainings; Geräte, mit denen man Freunden imponieren kann; und auch eine ganz interessante Vorrichtung zur Ski-Langlauf-Simulation im Schlafzimmer. Man schlüpft in die Fußhalter, und ab geht's mit Hüftschwung – ohne daß man sich vom Fleck rührt. Laut Reklame ist das eine vorzügliche Übung für Hüft- und Bauchmuskulatur. Mich regte das an, so etwas ohne Apparatur zu versuchen. Die Amerikaner haben bekanntlich eine Vorliebe dafür, zwischen sich und das angestrebte Ziel eine Maschinerie zu spannen. Im Falle des Trockenskilaufs ist es durchaus möglich und sogar ganz lustig, die Füße ohne alle Hilfsmittel vor- und rückwärts zu schieben. Und als ich es probiert hatte, konnte ich die Behauptungen der Reklame nur bestätigen: Hüfte und Bauch profitieren davon weit mehr als vom Gehen und Laufen, weil man sich dabei mit aller Kraft gegen den Widerstand des Bodens stemmen muß. Nach ungefähr zehn Minuten Trockenskilauf stellte ich fest, daß ich doppelt so schnell und leichtfüßiger als sonst durch mein Schlafzimmer laufen konnte. Mir ist das oftmals lieber als ein Spaziergang durch die Straßen, für den ich kaum Zeit und Gelegenheit habe; vor allem finde ich Straßen nicht besonders erbaulich und zum Teil nicht einmal ungefährlich.

Selbst der rasende Geiger muß einmal zur Ruhe kommen, und sei es auch noch so kurz. Ich schleppe die Werkzeuge meines Gewerbes immer mit mir herum. Es liegt in der Natur meines Handwerks, daß ich mir meine eigene Umgebung selbst schaffen kann. Jemand schickt mir Blumen oder Obst, und schon bleibe ich einfach länger. Ich habe gerne Zimmer, in denen ich mich bewegen, hin und her laufen, mich ausbreiten kann; deshalb stelle ich gewöhnlich erst einmal das Mobiliar um. Den Couchtisch brauche ich nicht, weil ich normalerweise keine Gäste habe. Also rücke ich ihn an die Wand. Er dient mir nur als Ablage für Geigenkasten und Gepäck; so schaffe ich in der Mitte des Zimmers Raum für Gymnastik und fürs Üben. In meinem augenblicklichen Hotelzimmer in Cleveland geht das Fenster auf den Eriesee, der ganz vereist ist. Um ungehindert ans Fenster gelangen zu können, habe ich die Möbel schon umgestellt – auch das Bett. Es stand ost-westlich, und ich schlafe lieber nord-südlich. Das Zimmermädchen sah ziemlich verdutzt drein, als es meine Neuinszenierung erblickte. Aber so fühle ich mich eher wie zu Hause. Manchmal bedaure ich die Pianisten: Sie haben kein leichtes Leben. Nur selten haben sie ein Instrument in ihrem Zimmer, und so müssen sie aufstehen, sich anziehen und auf die Suche gehen nach irgendeinem gräßlichen Übungsraum, in dem sie sich einspielen können. Ein Pianist ist den Umständen viel mehr ausgeliefert.

Wenn ich auch die günstigsten Bedingungen für meine tägliche Musikausübung geschaffen habe – es gibt doch Dinge, die unvermeidlich in meine Zurückgezogenheit einbrechen. Auch wenn ich mich nicht aus dem Hause traue, bedeutet das nicht, daß sich andere nicht zu mir hineinwagten. Ich bin zum Beispiel eingeladen, in einem Konservatorium eine Unterrichtsstunde zu geben. Aber das erlaubt die Zeit leider nicht. Journalisten rufen mich an und lassen sich nicht immer abwimmeln. Zur Zeit nehme ich keine Einladungen zu Rundfunk- oder Fernsehinterviews an. Ich finde sie unnötig – reine Zeitverschwendung. Fernsehleute haben die Angewohnheit, einen eine Stunde zu früh zu bestellen. Man hängt erst untätig herum und vertut dann noch mehr Zeit beim Schminken, um am Ende dazuhocken und drei Minuten lang törichte Fragen zu beantworten. Ich gehe dem aus dem Weg, soweit es sich machen läßt. Das hat nichts mit Arroganz zu tun; ich bewundere sogar manche dieser eloquenten Fernsehplauderer, die am laufenden Band reden und sich meistens so gute Fragen zurechtgelegt haben, daß sie scheinbar (und manchmal auch tatsächlich!) mehr über mein Leben wissen als ich selbst.

So sitze ich hier in Cleveland; und diesmal wird mir

klar, daß sich etwas verändert hat. Da ich nur mehr alle vier oder fünf Jahre hierherkomme, muß ich mir jetzt über die Möglichkeit Gedanken machen, daß ich nie mehr wiederkomme. Zumindest nicht als Geiger. Vielleicht sogar überhaupt nie wieder. Solche Überlegungen schärfen den Geist. Und gewiß geben sie der Zwiesprache mit dem Publikum eine besondere Färbung. Und im Publikum sitzen schließlich auch viele Leute, die mich schon seit über einem halben Jahrhundert kennen. So gewinnt mein Konzert eine besondere Qualität: Es ist etwas darin, das jede Einzelheit, Klang, Geste, Tonfarbe, ja die ganze Interpretation ein wenig bedeutsamer und kostbarer macht.

Einkaufsliste für einen Geiger

Nahrungsmittel

Weizenkeime
Weizenkleie
Joghurt
Honig
Melasse
Seetang
Knochenmehl
Vitaminpräparate
Mineralstoffe (so natürlich wie möglich aufbereitet)
Vollkornbrot
Obst (möglichst aus biologischem Anbau)
Hüttenkäse
Sprossen
Salate

Sojaöl oder Distelöl (das leichteste aller erhältlichen
  Öle) und Sesamöl
Apfelessig
pflanzliches oder Meersalz (ersteres ist übrigens viel
  besser; beide Salzarten sehr sparsam verwenden)
Ginseng
Gelée royale (ausgezeichnet für den Magen)
Mineralwasser
Sauermilch
verschiedene Kräutertees, Kamille, Hagebutte, Johan-
  nisbeere
Badezusätze (vorzüglich für den Kreislauf)

Wichtig für Konzertauftritte

Molat
Lecithin
eine Banane und eine Orange wegen Vitamin C
Kölnisch Wasser oder eine Körperlotion aus Kiefernöl-
  extrakt
ein wenig Alkohol (zur Reinigung des Griffbretts)
sehr feine Stahlwolle (um das Kolophonium von Saiten
  und Griffbrett zu entfernen)

Sonstiges

Ich bin äußerst interessiert an chinesischen Medikamen-
  ten.
Ein deutsches Präparat, *Medivitan,* ein bewährtes Mittel gegen Erkältungen. Es wird injiziert und ist völlig
  schmerzlos. Sowie ich niesen muß, injiziere ich mir
  Medivitan.
Ein sehr guter Obstkefir, *Rifek.*

Etwas, das ich selbst noch nie probieren konnte, aber zu gern kosten würde: Koumyß, gegorene Stutenmilch, die es nur in der Mongolei gibt.

Über Begleiter, Mitkämpfer und Schlachtpläne

Meine ersten Begleiter waren Familienangehörige, vor allem mein Vater. Bekanntlich wird ein Solovirtuose begleitet, meistens von einem Pianisten. Mir kommt das immer ein bißchen vor wie Don Quixote mit Sancho Pansa. Ein Begleiter kann vieles sein: Gefährte; ein netter Kerl; ein richtiger Musiker; eine große Hilfe und ein sympathischer Mann – und er kann das Reisen ebenso zu einer höchst verdrießlichen Angelegenheit werden lassen.

Ich habe sehr gute Begleiter gehabt: so Marcel Gazelle; Adolph Baller war grandios. In meinen jungen Jahren begleitete mich Artur Balsam, ein wunderbarer Musiker. Wir waren befreundet. Wir sind übrigens nicht allzu vielen nächtlichen Vergnügungen nachgegangen; unsere Abenteuerlust beschränkte sich auf das Ausschlachten von Fahrplänen. Wir fanden immer noch eine raschere und direktere Verbindung, als es der Plan ahnen ließ. Zwangsläufig entwickelt sich ein vertrautes Verhältnis zum Begleiter – man ißt, arbeitet und übt gemeinsam, und so sind enge Beziehungen unvermeidlich. Die einzige Person, die mich regelmäßig auf dem Klavier begleitete, war meine Schwester Hephzibah. In der letzten Zeit habe ich mit Paul Coker gespielt, einem reizenden Mann, freundlich und selbstsicher. Ich vertue ungern mehr Zeit als unbedingt nötig mit Proben. Früher habe ich endlos lange mit meinen Begleitern geprobt. Heute kommen sie zu neunzig Prozent gut vorbereitet. Manchmal begleitet mich mein Sohn Jeremy, mit dem das Reisen großen Spaß macht, weil wir soviel Gemeinsamkeiten haben. Ich darf in aller Bescheidenheit sagen, daß ich ihm eine besondere Weise vermitteln konnte, Musik zu analysieren. Deshalb ist es ein ausgesprochenes Vergnügen, wenn wir zusammen Musik durchgehen – es besteht ein starkes Band zwischen uns.

Ob ich nun alleine reise oder mit einem Begleiter oder auch, wie das öfter geschieht, mit einem Begleiter und meiner Frau Diana, als Trio gewissermaßen – es hat große Vorteile, vom richtigen Begleiter unterstützt zu werden. Das ständige Reiseleben ist anstrengend und stellt Stehvermögen und Musikalität immer wieder auf die Probe, ganz zu schweigen von der Geduld, die fortwährend aufgebracht werden muß.

Der reisende Musiker, der sich sein Brot verdienen muß, hat es manchmal mit einer feindseligen Welt zu tun; doch schlimmer noch ist vielleicht, von aller Welt gefeiert zu werden. Man muß auf der Hut sein vor übermäßiger Anerkennung, vor allzu großer Beliebtheit, ganz zu schweigen von den Beifallsbezeigungen, die manches Mal einem gelungenen Konzert folgen. In aller Bescheidenheit: Ich kann wohl ein Lied singen von der wundertätigen Wirkung, die ein großartiges Konzert auf die Menschen haben kann, die den Geiger hinter der Bühne aufsuchen. Der Grund dafür liegt in einer Interpretation oder einem künstlerischen Niveau, die die Zuhörer bewegt und den Künstler befriedigt haben. Dazu bedarf es eines großen Maßes an Einfühlung,

Verständnis, Sensibilität und Dankbarkeit, die wiederum auf jede persönliche Begegnung ausstrahlen, welche auf ein solches Konzerterlebnis folgt. Mir kommt es so vor, als erzeugte eine gute Interpretation im Publikum eine Art gegenseitiger Herzlichkeit. In solcher Atmosphäre schließt man Freundschaften.

Aber es besteht dabei die Gefahr, daß man die positiven Reaktionen der Dankbarkeit für selbstverständlich nimmt und die Welt einteilt in Menschen, die ihren schuldigen Tribut zollen, und solche, die das nicht tun. Diesem Risiko ist gewöhnlich jeder ausgesetzt, der einen Namen hat; hütet man sich nicht davor, ist man zu guter Letzt nur mehr von Schmeichlern umgeben. Es liegt in der menschlichen Natur, daß man bald nur noch Lob erwartet, und man ist kindisch enttäuscht, wenn es ausbleibt oder wenn man gar auf kritische Kommentare stößt.

Übertriebene Reaktionen, um nicht zu sagen: Lobhudeleien, wie sie bestimmte Musiker auslösen – Geiger (die seit Paganini zu den »romantischen Gestalten« zählen) im besonderen – erklären sich vielleicht aus der Tatsache, daß ein Musiker außergewöhnlich empfänglich ist für alles, was Gefühle ausdrückt oder gar auslöst.

Musik weckt Gefühle, die einer Art »Übermut« entspringen, einer überschwenglichen, euphorischen Hingabe, die wir in Verbindung bringen mit Frühling, Liebe und Leidenschaft. Musik appelliert an segensreiche und dämonische Kräfte, die in uns wohnen, die wir im Gleichgewicht zu halten bemüht sind und von denen wir zuweilen überwältigt werden. Letzteres ist der Hauptgrund dafür, weshalb Musiker, die vielleicht ein Übermaß an Lobhudelei abbekommen, klug beraten wären, wenn sie sich in acht nähmen. Selbstgerechtigkeit ist das allerletzte, was sich ein Musiker leisten sollte. Ein Musiker ist seinem Wesen nach jemand, der gelebt und gesündigt hat, der um seine Gefühle und seine Fehler weiß, so daß Reue, Sehnsüchte und Gewissensbisse in seine Musik eingehen können. Und gerade deshalb spricht sie sein Publikum so stark an, dessen Schwächen er teilt.

Übungen: 2

Beugen und strecken

Die Zehen mit den Fingerspitzen berühren ist eine sehr nützliche Standardübung – solange man jedenfalls die Knie durchdrückt! Es gibt aber interessante Varianten in der Handhaltung, die gute Wirkung tun. Man kann den Fußboden mit gestreckten Fingern berühren (8) oder die Handflächen flach auf den Boden legen, bei geschlossenen, nach vorn gestreckten Fingern. Man kann Arme und Hände locker hängen lassen, so daß die Fingerrücken den Boden streifen, oder man kann die Arme nach vorn strecken und den Boden im weitestmöglichen Umkreis mit den Fingerspitzen berühren.

Abbildung 8

Den Nacken entspannen

Auch dies ist eine dem Geiger wohlbekannte, nichtsdestoweniger gute Übung. Wichtigste Voraussetzung für das Geigenspiel ist, daß der Nacken locker ist.

Den Nacken entspannen und den Kopf nach vorn fallen lassen. Man sollte das Gefühl haben, der Kopf fällt nach vorn, also nicht drücken, sondern den Körper so bewegen, daß sich der Kopf mitbewegen muß, wenn der Nacken völlig entspannt ist. Jetzt zur Seite beugen (9), dann nach vorne, dann zur anderen Seite und zurück, so daß der Kopf einen Kreis beschreibt. Das Ganze in umgekehrter Richtung wiederholen.

Immer langsam bewegen und völlig entspannt bleiben. Dreimal in beiden Richtungen genügt.

Gehen lernen

Zu wissen, wie man richtig steht, ist für den Geiger entscheidend: in völligem Gleichgewicht, mit korrekter Kopfhaltung. Aber diese scheinbar einfachen Dinge sind oft gar nicht so selbstverständlich. Harmonie und Ausgewogenheit hängen von verschiedenen Körperteilen ab, die im Zusammenspiel miteinander funktionieren. Die folgenden Übungen sollen helfen, dieses Zusammenspiel erkennen zu lernen.

Die Beine sind leicht gegrätscht, der Körper im Gleichgewicht, das heißt das Körpergewicht gleichmäßig verteilt. Jetzt das ganze Gewicht auf das linke Bein legen, dann auf das rechte.

Versuchen Sie, den Kopf zu bewegen und dabei

Abbildung 9

darauf zu achten, wie diese Bewegung die gesamte Körperhaltung beeinflußt. Der Kopf hat ein beträchtliches Gewicht. Den Oberkörper leicht nach hinten neigen – Schultern zurück, ganz entspannt (10). Man muß spüren, wie der Kopf einen zurückzieht. Jetzt leicht nach vorne neigen, das Gewicht auf den linken Fuß verlagern. Den Kopf gerade halten, das Kinn anziehen. Stellen Sie sich jetzt die Lotrechte durch Körper und Kopf vor. Es ist wichtig, daß man spürt, wann man im Zentrum ausbalanciert ist. Aus dieser zentral ausgerichteten Haltung heraus kann man sich überallhin bewegen; die Grundhaltung des Körpers – sowie der Geige und des Bogens – bleibt aber auf die Mitte zentriert.

Liegestütz mit Variationen

Auf den Bauch legen, Beine geschlossen und gestreckt, die Zehen zeigen nach hinten, die Hände sind flach auf dem Boden unter den Schultern; die Finger geschlossen nach vorn. Schultern, Brust und Hüften vom Boden hochstemmen, bis die Arme ganz gestreckt sind. Geradeaus blicken. Die Schultern nicht zu den Ohren hochziehen.

Jetzt die Füße in die übliche Liegestützhaltung bringen, Zehen nach vorn, Fersen nach oben, Beine gestreckt über den Boden.

Als Variation eine gute Dehnübung für die Schultern. Das Gesäß nach oben heben und den Kopf senken, bis er auf dem Boden ruht (11). Das erfordert vielleicht einige Übung. Bis fünf zählen, erst in die zweite Liege-

Abbildung 10

Abbildung 11

stützposition zurückgehen, dann in die erste. Entspannen.

Es gibt verschiedene Handhaltungen, die in Verbindung mit dem Liegestütz anwendbar sind, um Handgelenk und Finger zu kräftigen. Sie müssen aber mit Vorsicht ausgeführt werden, besonders die erste.

Die Hände mit der Handfläche nach oben auf den Boden legen, die Finger zeigen zu den Füßen hin (12). Diese Übung ist gut für Handgelenk und Finger.

Finger krallenartig biegen und gegen den Boden stemmen (13). Oder bei normaler Handhaltung die Finger so weit wie möglich spreizen (14). Diese Übung ist für Geiger besonders nützlich.

Abbildung 13

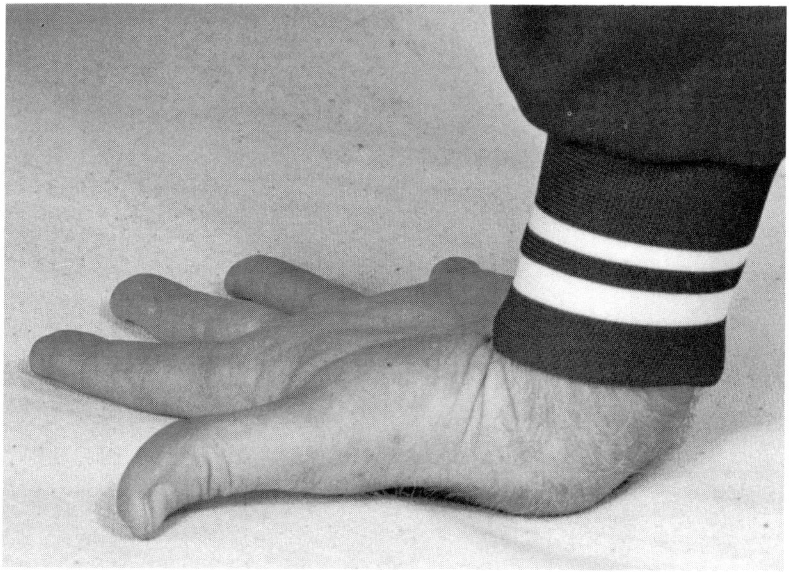

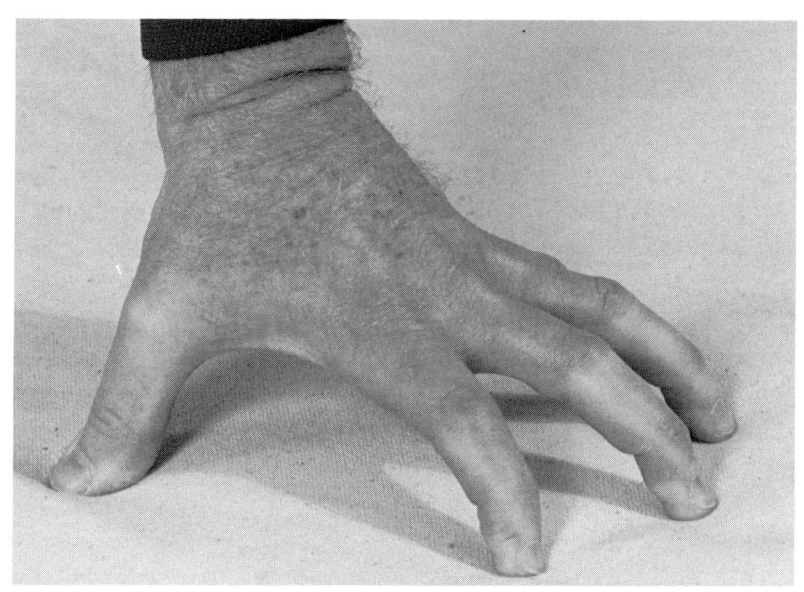

Abbildung 12

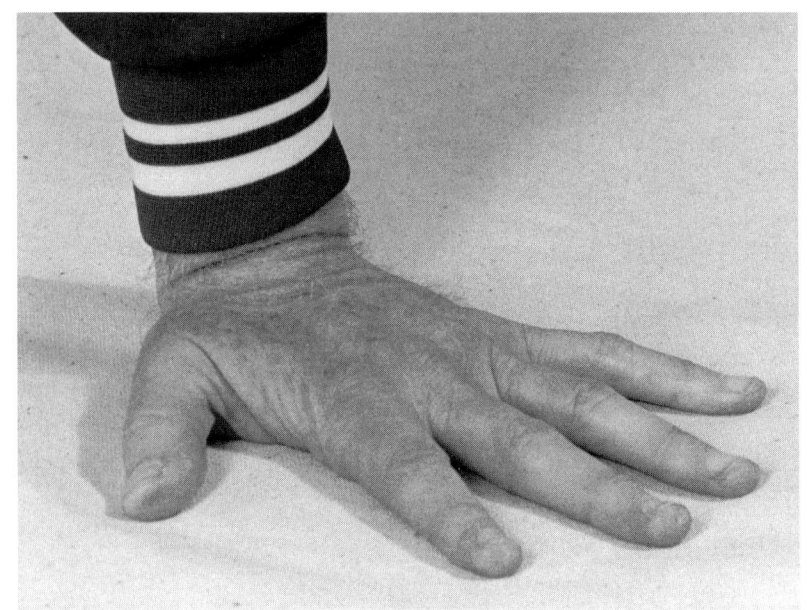

Abbildung 14

Füße hoch

Von hervorragender Wirkung sind Übungen mit dem Kopf nach unten und den Füßen nach oben: Das Herz wird entlastet, weil das Blut, das normalerweise aus den Beinen hochgepumpt werden muß, jetzt durch die Schwerkraft von allein ins Herz fließt. Außerdem stehen die Venen und Klappen in den Beinen nicht mehr unter Druck. (Dieser Druck ist es, der Krampfadern entstehen läßt.) Das Gehirn wird durch einen vollen Blutstrom erfrischt.

Aber auch diese Übungen müssen mit aller Vorsicht

ausgeführt werden, beim erstenmal unter qualifizierter Aufsicht. Die Kerze ist leichter und ungefährlicher als Kopfstand oder »Pflug«. Kerze und Kopfstand sollte man, solange man sich seiner Balance nicht sicher ist, nur mit Hilfestellung oder gegen eine Wand machen; denn beim Umkippen kann man sich unter Umständen den Hals verletzen. Man muß auch bedenken, daß in diesen Haltungen die Arme einen Großteil des Körpergewichts tragen – Kopf und Nacken allein tragen den Körper nicht!

Die Kerze

Ausgestreckt auf den Rücken legen. Die Knie zur Brust anziehen, die Hände unter das Kreuz schieben, Oberarme und Ellbogen stemmen sich gegen den Boden.

Jetzt mit den Händen den Rücken von der Schulter aus nach oben stemmen, die Beine geschlossen in die Höhe strecken, als wollten Sie mit den Füßen die Decke berühren. Den Rücken anspannen und so gerade wie möglich halten; dabei die Brust gegen das Kinn drücken (15). Der Nacken sollte gerade und fest gegen den Boden gedrückt bleiben, das Kinn am Brustbein – aber die Kehle muß entspannt sein. Normal atmen! So lange in dieser Stellung bleiben, wie man es mühelos aushält, von zwei Sekunden bis zu zehn Minuten – man muß sein eigenes Maß finden. Im Laufe der Zeit kann man es immer länger aushalten.

Es ist bequemer, diese Übung auf einer Matte oder einem Teppich zu machen, aber die Unterlage muß fest und flach sein, um den nötigen Halt geben zu können.

Abbildung 16

Der Pflug

Das ist eine Weiterführung der Kerze, aus der die Beine
langsam und vorsichtig hinter dem Kopf auf den Boden
gesetzt werden. Anfangs ist es vielleicht bequemer, sich
einen Stuhl hinzustellen, auf dem die Zehen aufliegen
können, aber mit einiger Übung bekommt man die
Zehen schon auf den Boden. Die Beine gestreckt lassen,
das Steißbein zeigt nach oben; man muß spüren, wie die
Wirbelsäule immer länger wird. Die Muskeln, die nicht

Abbildung 15   63

Abbildung 17

gebraucht werden, entspannen. Ganz normal atmen. (Es geschieht leicht, daß man den Atem anhält, ohne es zu merken, weil man sich anstrengt, alles richtig zu machen!) Wenn man sich in dieser Stellung sicher fühlt, kann man die Hände aus ihrer abstützenden Haltung nehmen und hinter dem Kopf ausstrecken (16).

Nach einigen Minuten mit den Armen wieder den Rücken abstützen, die Beine anwinkeln und den Rücken langsam wieder auf den Boden bringen. Ein paar Minuten auf dem Boden ausgestreckt liegen bleiben, entspannen. Das ist wichtig nach allen Übungen mit dem Kopf nach unten.

Abbildung 18

Der Kopfstand

Die Übung baut auf Kerze und Pflug auf.

    Auf den Boden knien, die Unterarme nach vorn legen, dabei die Hände falten. Sie bilden die Stütze für den Kopf, der auf dem Boden aufliegt (17). Die gefalteten Hände fest gegen den Hinterkopf drücken. Die Beine strecken, das Gesäß dabei in die Luft stemmen, langsam die Füße gegen den Kopf zu bewegen, so weit es geht (18). In dieser Stellung bleiben. Versuchen Sie sich nun vorzustellen, wie Sie die Beine in die Luft heben können. Solange man das noch nicht fertigbringt, an diesem Punkt die Übung abbrechen.

Fühlt man sich sicher, mit Hilfestellung oder an einer Wand die Beine nach oben heben und strecken, bis der Körper kerzengerade steht. Hier ist wiederum eine zweite Person oder ein Senkblei (oder beides) von Nutzen, damit man weiß, ob der Körper auch wirklich geradesteht. Die Beine geschlossen halten. Die Übung ist leichter, wenn man die Beine leicht anwinkelt; aber zu guter Letzt bringt man es doch dahin, sie geradezuhalten.

Nicht länger als nötig in dieser Stellung verharren (wiederum zwei Sekunden bis zehn Minuten). Daran denken, daß die Unterarme viel vom Körpergewicht zu tragen haben – die Hände halten den Kopf und den Nacken.

Kopfstand mit Senkblei

Das ist etwas für Perfektionisten (19)!

Abbildung 19

Erfahrungen

Kurzaufenthalte

Sie bedingen eine ganz andere Lebensführung – normalerweise bedeuten sie eine Fahrt pro Tag; aber die Hauptsache bleibt weiterhin, sich für das Konzert am Abend vorzubereiten. Alles muß nach Plan ablaufen, wobei dieser Plan natürlich weitaus mehr vorsieht. Aber ich finde immer noch Zeit, mich auszuruhen, Gymnastik zu machen, mich einzuspielen oder eine leichte Mahlzeit zu mir zu nehmen. Der Streß kann bisweilen sehr groß sein. Man kommt unter Umständen in einer Stadt an und hat nur mehr zwei Stunden Zeit bis zum Konzert. Kommt man dagegen – was gelegentlich der Fall ist – so an, daß noch ein ganzer Nachmittag freibleibt, ist das ein wahrer Luxus. Vielleicht kann ich auf der Hinfahrt schlafen oder mich wenigstens ausruhen. Es kommt darauf an, Zug- und Flugverbindungen optimal auszunutzen.

Ich habe mich in meinem Leben schon an den merkwürdigsten Plätzen einspielen müssen. Ich erinnere mich an eine Fahrt mit dem Frühzug von New York nach Washington zu einem Nachmittagskonzert. Damals war das eine Reise von fünf Stunden. Gewöhnlich bekam ich ein Luxusabteil, eines der Privatabteile am Ende des Pullmanwagens, und dort pflegte ich dann vor mich hinzukratzen. (Den Segen des Dämpfers beim Üben hatte ich zu der Zeit leider noch nicht entdeckt.)

Die anderen Reisenden ließen sich alsbald einigen Unmut anmerken – sie kamen einer nach dem anderen und trommelten wütend an meine Tür, die gottlob fest verriegelt war. Ich übte weiter, aber mir war ganz und gar nicht wohl bei dem Gedanken, in Washington an den aufgebrachten Mitreisenden vorbeidefilieren zu müssen, die unter meinen musikalischen Vorbereitungen einiges ausgestanden hatten. Diese Passagiere im Pullmanwagen waren vermutlich ehrenwerte Herren, die gerne rauchten, schwatzten oder ein bißchen lasen. Auf einen übenden Violinisten legten sie bestimmt keinen Wert. Aber üben mußte ich nun mal, da half nichts, und so ersann ich eine List, wie ich meine Widersacher beschwichtigen konnte. Aus langer Erfahrung wußte ich, wann wir in Washington ankommen würden. Kurz ehe wir unser Reiseziel erreichten – ich befand mich immer noch in der Sicherheit meines Abteils–, spielte ich, so hingebungsvoll ich vermochte, das »Ave Maria«. Die beruhigende Wirkung der süßen Töne war durch die Abteilwand spürbar, und als der Zug hielt, konnte ich gefahrlos und ungeschoren an den mächtigen Herren vorbeigehen, die mich mit wohlwollenden Blicken bedachten und nicht länger zu steinigen wünschten.

Die großen Luxusabteile, in denen ich auf meinen Reisen kreuz und quer durch Amerika und Europa übte, hatten etwas Verschwenderisches. Ich habe auf Eisenbahnfahrten aber auch sehr viel beengtere Verhältnisse kennengelernt. Oftmals arbeitete ich in einem Schlafwagenabteil und saß mit untergeschlagenen Beinen und allen verfügbaren Kissen im Rücken in meiner Koje. In dieser Stellung konnte ich zwar leicht auf der G- und D-Saite spielen, aber die E-Saite verursachte beträchtliche Schwierigkeiten, weil ich schließlich den Bogen nicht in die Matratze bohren konnte, um sie zu erreichen. Aber trotz allem hatten auch diese unendlich langen Eisenbahnfahrten ihr Gutes: Ich konnte nach Belieben üben, mich ausruhen, schlafen und lesen.

Das Orchester und seine Vorzüge

Musik ist etwas Flüchtiges, Vergängliches. Das Orchester müht sich ab, um etwas zu erreichen, das fast so schnell wieder vorbei ist, wie es entstand.

Für den Solisten ist das Orchester der beste Richter der Welt. Die Meinung eines gesamten Orchesters ist nahezu unfehlbar; man kann es nicht an der Nase herumführen. Ich mache es immer so, daß ich jeden Fehler sofort zugebe. Ein Orchester, das mit dem betreffenden Werk vertraut ist, um Vorschläge zu bitten ist sehr ratsam. Andererseits sollte man nie nachgeben, wenn man von einer Sache überzeugt ist – man sollte es wenigstens versuchen. Die Partitur als Grundlage, der Höreindruck (ob nämlich Aussage und Klang entsprechend herauskommen) sowie die Reaktion des Orchesters und des Publikums – das sind für Solisten und Dirigenten die wahren Kriterien für die Interpretation eines Werkes.

Die wechselseitige Beziehung zwischen Dirigent und Orchester oder Solist und Orchester ist etwas, das mich ganz besonders befriedigt. Musik zu interpretieren ist eine schöpferische Aufgabe, im Orchester jedoch erfordert Kreativität gegenseitiges Einvernehmen. Die praktische Seite der musikalischen Probenarbeit – verbunden mit Anstrengung, Humor, Freude an der gemeinsamen Bewältigung der gestellten Aufgabe – beeinträchtigt in keiner Weise die Ernsthaftigkeit der Bemühungen; im Gegenteil, all das bedingt sie geradezu. Wenn man es recht bedenkt, ist es doch sonderbar, daß man sich mit Leib und Seele der Interpretation von Werken nicht anwesender Komponisten hingibt. Wenn ich mit einem Orchester zusammenarbeite, wird mir des öfteren bewußt, daß diese Beschäftigung augenscheinlich ganz irrelevant, zugleich aber auf wunderbare Weise viel wichtiger ist als alles andere. Wichtig deshalb, weil sie eine Herausforderung darstellt an den täglichen Kampf ums Überleben, wie er in Büros und Fabriken oder auf der Straße stattfindet, und weil darüber hinaus, wie ich meine, der unausgesprochene Verdacht besteht, dieser Kampf ums Überleben sei nicht Zweck und Ziel der Menschheit, jedenfalls nicht das höchste Ziel. Meiner Ansicht nach hegen wir alle diesen Verdacht, auch wenn es machmal den Anschein hat, als ginge es nur um das tägliche Einerlei. Aber das Wahre, die eigentliche Erfüllung, entsteht aus dem, was wir auf Bühne und Podium schaffen, was wir kraft unserer Phantasie aus unseren Ideen, Idealen und Träumen, aus dem Zwiegespräch mit großen Schöpferpersönlichkeiten der Vergangenheit und Gegenwart heraus zu beschwören vermögen. Was hat das Leben zu bieten, wenn nicht jedes Tun, jeder Gruß, jeder Dialog und jeder gemeinsame Willensakt auf der Straße oder in der Fabrik zu Bewußtsein bringt, daß das menschliche Dasein einen Wert hat, der sich in der Kunst ausdrücken läßt?

Aber das betrifft die Beziehung des Dirigenten zum

Orchester. Es gibt noch eine andere, die problematischer ist: die des Solisten zum Orchester. Es liegt im Wesen der Sache, daß auf den Geiger, der ja vorrangig solistisch spielt und sich selbst ausdrückt, Disziplin und Ordnung eines Orchesters keinen besonderen Eindruck machen, wenn er die ersten zwanzig Jahre seines Lebens nur von einer Solokarriere geträumt hat. Deshalb ist die Auffassung weit verbreitet, Solist und Orchestermusiker schlössen sich gegenseitig aus.

Ich kann das gut verstehen. Ich erinnere mich an die traurige Zeit, als amerikanische und russische Orchester aus lauter enttäuschten Virtuosen bestanden. Die Streicher waren in Gruppen gegliedert, sie bekamen niemals solistische Aufgaben zugeteilt wie andere Orchestermusiker, die Holzbläser zum Beispiel. Als Junge war ich deprimiert über die bedrückten Gesichter der Geiger an den letzten Pulten. Sie kratzten und schabten vor sich hin, im Schlepptau der ersten Pulte, und dienten lediglich zur Klangverstärkung. Von einer echten Beteiligung war keine Rede.

Heute sieht das ganz anders aus. Die finanzielle Lage der Orchestermusiker in Amerika und Europa hat sich stark gebessert. Konzertmeister haben ein umfassendes musikalisches Wissen und eine Musikalität, die manchen Solisten in den Schatten stellen. Die besten Orchester heute hören sich selbst zu, sie sind gewissermaßen große Kammerorchester geworden. Ich sollte noch erwähnen, daß das Orchester, das in seiner Gesamtheit, anders als der Solist, einer individuellen Verantwortung enthoben ist, bei guter Zusammenarbeit viel intuitiver, spontaner und verläßlicher reagiert.

Deshalb täte der angehende Geiger sehr gut daran,

auch eine Orchesterlaufbahn ins Auge zu fassen. Ich bin mir darüber im klaren, daß dieser Ratschlag viele Geiger, die Solisten werden möchten, überraschen und verärgern wird; dennoch hat der Orchestermusiker heute vermutlich die besseren Aussichten. Ich sage das aus Erfahrung, weil ich die Chancenverbesserungen für Orchestermusiker beobachten konnte und selbst mein ganzes Leben lang unter der Mühsal des unsteten Virtuosendaseins gelitten habe. Ich sehe die Vorteile der seßhaften Lebensweise: regelmäßige Arbeitszeit, freie Tage; man braucht sich nicht in drei Teile zu zerreißen, kann an einem festen Ort wohnen und einen musikalischen Freundeskreis aufbauen; Kinder und Partner stets um sich haben; dazu noch ein geregeltes Einkommen, das sich, wie ich jungen Geigern versichern kann, durchaus vergleichen läßt mit den Honoraren, die sich ein Solist erhoffen darf. Diese Faktoren werden immer verlockendere Anreize darstellen, Mitglied eines Orchesters zu werden.

Rubato

Die Kunst des Rubatos ist weitgehend verlorengegangen. Rubato ist die bewußt eingesetzte freie Gestaltung einer Tonfolge, in welcher der eine oder andere Ton mehr Zeitdauer, mehr Tongebung, mehr Ausdruck und mehr Gewicht erhält, ohne daß dabei der Grundschlag beeinträchtigt wird. Mit anderen Worten: Man steht vor der schwierigen Aufgabe, einer Tonfolge eine wohlüberlegte Unregelmäßigkeit zu verleihen, die den musikalischen Fluß jedoch nicht stört. Rubato ist etwas, das

Jazzmusiker eigentlich beherrschen sollten, was aber oftmals nicht der Fall ist, weil sie sich eher auf eine komplizierte Gegenrhythmik konzentrieren als auf die Biegsamkeit der Melodielinie – die Größten unter ihnen natürlich ausgenommen. Als ich mit Stéphane Grappelli Jazz spielte, habe ich erstmals – und zu meinem Vergnügen – die Unterstützung einer Rhythmusgruppe erfahren, die sich auf die Einhaltung eines absolut festen Rhythmus spezialisiert, über dem der Solist eine freie, ganz flexible Melodielinie entwickeln kann. Ein »klassischer« Musiker muß dagegen rhythmisch exakt und zugleich flexibel sein. Deshalb ist Improvisieren für mich ein wesentlicher Teilbereich des Musizierens. Beim Improvisieren richtet man sich nicht nach einem Metronom und muß doch im Takt bleiben. Es gibt Musiker, die Takt mit Metronomschlag verwechseln. Der Takt ist ein lebendiges Maß, das zwar ziemlich gleichmäßig ist, aber keineswegs militärisch exakt. Jedermann kann zu einem starren Rhythmus marschieren; aber das ist kein echter Rhythmus, sondern ein starrer Metronomschlag, und einen metronomischen Takt zu halten hat mit lebendiger Rhythmik nichts zu tun. Wer eisern nach Metronom spielt, hat gewöhnlich ein sehr schwach entwickeltes Gefühl für Rhythmus. Was ich damit sagen will, könnte man wohl am besten an Schuberts Musik verdeutlichen. Sie verlangt vielleicht das gleichmäßigste Tempo überhaupt, und dennoch ist sie so ausdrucksstark, weil ihre Rhythmik so lebendig ist. Sie kennt keinen starren Taktschlag, sondern vermittelt ein Gespür für das Schlendern im Walde, bei dem Geist und Herz vor sich hinträumen können.

Glücklicherweise habe ich immer Agenten gehabt, die jahrzehntelang mit mir befreundet waren. Zeit und Gewohnheit haben ein enges Vertrauensverhältnis geschaffen. Meine Beziehungen zu Veranstaltern sind also keineswegs nur geschäftlicher Art, da sich zu aller Korrektheit, Hilfsbereitschaft und Fürsorge eben auch Herzlichkeit und Freundschaft gesellen. Ich bin stolz darauf, daß zum Beispiel mein französischer Agent Yves Dandelot nunmehr zur dritten Generation einer Familie gehört, die mich betreut. Sein Großvater organisierte mein erstes Konzert in Paris im Jahre 1927. Dasselbe gilt mehr oder weniger für alle meine anderen Agenturen, mit einer Ausnahme natürlich: Die Verbindungen zu deutschen Veranstaltern erfuhren durch den Zweiten Weltkrieg eine Unterbrechung. Ich kann es allerdings gar nicht fassen, daß die herzlichen Beziehungen zu meiner deutschen Agentur inzwischen schon wieder seit mehr als vierzig Jahren bestehen. In Amerika besteht dieselbe Tradition, wenn ich das einmal so nennen darf, seit 1927. Es ist das Ergebnis, der Lohn einer langen Konzertlaufbahn, daß die menschlichen Beziehungen mit den Jahren immer enger und tiefer werden – wie auch die Beziehungen zu Städten, in denen man oft gastiert hat und die man kennen- und liebenlernte – und eine Art Patina ansetzen, einen Schimmer von Wärme und Behaglichkeit, wann immer diese Bekanntschaften sich erneuern, hervorgerufen von schönen Erinnerungen an Menschen und Konzerte.

Man soll dem Agenten die Provision nicht neiden. Sie mag manchmal hoch erscheinen; aber dann darf man nicht vergessen, daß er für einen selbst arbeitet. Wer möchte schon Zeit damit vergeuden, sich zu verkaufen oder Engagements nachzujagen. Das nimmt einem der Manager ab – und damit hat er seine Provision reichlich verdient.

Lektüre

Ich habe relativ wenig Zeit zum Lesen. Aus diesem Grunde habe ich seit langem ein paar verläßliche Begleiter, in die ich mich immer wieder versenken kann. Eines meiner Lieblingsbücher ist eine deutsche Übersetzung der Aphorismen des Laotse. Natürlich lese ich auch Tageszeitungen; aber das tue ich eigentlich nur, um mich in meiner Überzeugung zu bestärken, daß die Welt noch ebenso verrückt, wahnwitzig und schrecken-erregend ist wie am Tage zuvor. Es gibt wenig, was diese allgemeine Düsternis etwas aufhellen könnte.

Ein fahrender Musiker ist von seiner Beschäftigung so ausgefüllt, daß kaum Zeit zum Lesen bleibt. Gewiß finden sich – höchst selten – ein paar lange, ruhige Abende, an denen man es sich gemütlich macht und einen neuen Roman oder ein Theaterstück liest. Aber das Üben steht immer an erster Stelle, und danach gibt es gewöhnlich anderes zu tun, und irgendwann verlangt der Körper sein Recht auf Schlaf. Deshalb habe ich gern Bücher um mich, die Lesestoff in kleinen Dosen bieten: einen Gedichtband, Äsops Fabeln, mein Exemplar von »Gracians Handorakeln« – eine herrliche Sammlung aufrührerischer Gedanken eines spanischen Jesuiten aus dem 17. Jahrhundert.

Unendliches Vergnügen bereitet mir das Partitur-
lesen. Es hilft einem, sich zu sammeln. Wenn ich also
behaupte, ich hätte nicht viel Zeit zum Lesen, müßte ich
eigentlich sagen: Ich lese meistens Noten. So viele
Dinge nehmen Zeit in Anspruch – und sei es nur die
Konzentration, die man braucht, um die Musik, die
man vorbereitet, zu überdenken, zu erarbeiten oder
auszufeilen –, daß der Tag nur allzu kurz erscheint.
Vielleicht ist das der Grund, weshalb ich, wenigstens
was das Lesen angeht, vorwiegend nippe und nasche.

Erfahrungen mit dem Publikum

Der ausübende Künstler steht in spürbarem, wenn auch
nicht greifbarem Kontakt mit seinem Publikum. Das
Publikum weiß sehr wohl, ob es einem überzeugenden
Konzert beiwohnt oder nicht. Dieses Wissen überträgt
sich unmittelbar und ist dadurch sehr hilfreich.

Nach meiner Erfahrung gibt es verschiedene Möglichkeiten, ein Publikum in Bann zu halten. Manche
Musiker versuchen es mit Aggressivität, mit gebieteri-
schem Auftreten oder sogar Herablassung. Manchem
mag das liegen – mir nicht. Viel hängt von der Einstellung zum Publikum ab. Ich betrachte mein Publikum
immer als gute Menschen, die sich eigens aufgemacht
haben, mir zuzuhören, und die mir Vertrauen entge-
genbringen. Sie strahlen eine Herzlichkeit aus, die ich
erwidere, indem ich versuche, ihnen die lange vorberei-
teten und durchdachten Werke auf eine Weise darzubie-
ten, daß sie in meine Erfahrung – ich möchte fast sagen:
in mein Experiment – mit dem jeweiligen Werk einbe-

zogen sind. Gelingt mir das, wird das Publikum mitgerissen. Mit anderen Worten: Man gewinnt sein Publikum am ehesten, wenn man vom Wunsch beseelt ist, es an der Musik teilhaben zu lassen.

Natürlich ist das Publikum sehr vielschichtig. Und nicht immer ist das bürgerliche Publikum das beste. Zum Beispiel das Publikum der Vorstädte: Heute sind Vorstädte in den meisten Fällen kulturlose Gemeinden. Nicht aus eigenem Verschulden, sondern weil die Großstädte – ich denke hier besonders an amerikanische Verhältnisse – nur mehr Arbeitsplätze für Pendler bieten. Nach Arbeitsschluß hastet alles nach Hause, und folglich besucht kaum einer noch Theater, Opernhäuser, Bibliotheken oder Museen. Also dringt allmählich die Kultur in die Vorstädte, in denen dem auftretenden Künstler die verschiedensten Veranstaltungssäle offenstehen. Nicht immer die besten. Zuweilen handelt es sich um Kinos oder Kirchenräume. Wenn man ankommt, sieht man Legionen von Kombiwagen – die Wahrzeichen der Vorstädter, denen es ländliche Gefühle verschafft, einen Kombiwagen zu fahren. Das Gefährt ist immer vollgepfropft mit Kindern, Salatköpfen, Einkaufstüten und dergleichen. Ein Publikum dieser Art ist oftmals sehr kultiviert – womit ich nicht nur saubere Fingernägel und die Deodorants meine; sondern es ist daran gewöhnt, Musik auf Knopfdruck aus dem Radio oder dem Fernseher zu beziehen. Und wenn ich dann spiele, habe ich zuweilen das unabweisbare Gefühl, mein Publikum würde herzlich gern ein bißchen am Knopf drehen, um zu sehen, was im anderen Sender läuft, nur mal so zum Vergleich, nur mal um festzustellen, ob's nicht doch was Besseres gibt. Bei solchen Gelegenheiten gelingt es mir, den Schein zu wahren, auch wenn ich die ganze Zeit das dumme Gefühl nicht los werde, das herausgeputzte, vorgeblich andächtig lauschende Publikum im Dunkeln vor mir würde viel lieber etwas ganz anderes hören oder sehen.

Diese Allerweltskonzertsäle und -veranstalter tragen überall die gleichen Züge. Besonders in der Neuen Welt hegen Veranstalter eine fatale Vorliebe für schwere Samtvorhänge – der perfekte Ruin jeder guten Akustik. Oft genug protzen sie mit ihrem Steinway, worunter sie ein mit dieser Firmenaufschrift versehenes Instrument meinen, das seit Jahr und Tag weder repariert noch gestimmt oder auch nur gespielt worden ist. Ich wünschte, alle Säle wären nach akustischen Gesichtspunkten ausgekleidet und Samtdraperien gehörten endgültig einer fernen Vergangenheit an.

Das führt mich unwillkürlich zu meinen Gedanken über den idealen Konzertsaal. Vermutlich haben alle Künstler ihre eigenen Vorstellungen von einer idealen Akustik. Allesamt müssen sie immer wieder in ungeeigneten und unangenehmen Sälen spielen. Meine ideale Akustik würde dem Ton einen gewissen Glanz verleihen. Der Klang sollte Resonanz haben, ein wenig Nachhall, gerade genug, um mühelos Ohr und Herz des Zuhörers zu erreichen. Akustisch toten Sälen ist schwer beizukommen. Es bringt nichts, in solchen Fällen etwa den Ton zu forcieren. Am besten spielt man zurückhaltend, in feinster Nuancierung, dabei sauber, sicher und beherzt.

79

Elternwahl: Eine Anweisung für angehende Geiger

Eine der Hauptschwierigkeiten im Leben des kleinen Geigers ist die Elternwahl und damit die Wahl der Konfession. Trotz aller Bande zwischen Christen und Juden gibt es bislang verhältnismäßig wenig christliche Streicher und noch weniger christliche Geiger. Wäre es möglich, daß die vielen jüdischen und russischen Geiger von ihren ehrgeizigen Eltern aus einer Art kollektiven Elends heraus gezüchtet wurden – denn mit aller Gewißheit kann man die Gesellschaften, denen viele der besten Geiger entstammen, nicht glücklich nennen –, daß dieses Elend zu einer geradezu anstekkenden Entschlossenheit auf seiten der Eltern führte, es ihre Sprößlinge zu etwas bringen zu lassen?

Ich meinerseits wurde wie eine Gabe Gottes behandelt – aber weit davon entfernt, mich in ein Kloster zu stecken, taten meine Eltern an mir wie die tibetischen Mönche, die den Dalai Lama aufziehen. Wenn meine Mutter gefragt wurde, von wem ich denn meine Musikalität geerbt hätte, pflegte sie zu sagen: von König David – und vielleicht entstammt die Erbmasse wirklich eher der feingestimmten melodischen Harfe (das älteste bekannte Exemplar in Ägypten um 2000 v. Chr.) als den (zwar gestimmten, aber) dröhnenden Gongs der Tibeter.

Wie dem auch sei – Eltern spielen eine große Rolle bei der musikalischen Entwicklung des Kindes (man denke an Suzukis muttersprachliche Methode, die auf die aktive Rolle von mindestens einem Elternteil besonderen Nachdruck legt). Wahrlich – zur ernsten Ermahnung sei es gesagt – die Rolle der Eltern ist von entscheidender Bedeutung; aber wie alle wichtigen Rollen (und das Geigenspiel) sollte auch sie locker gehandhabt werden.

Im Rückblick auf meine eigenen Erfahrungen und die anderer Künstler erkenne ich, daß meine Eltern die geistige und emotionale Entwicklung ihrer Kinder vor dem Hintergrund bedingungsloser Hingabe förderten. Musik war keineswegs das Hauptinteresse unserer Familie; die Interessenvielfalt, die bei uns herrschte, bildete ein unverzichtbares Gegengewicht gegen die alles verschlingende Leidenschaft, die das Geigenspiel für mich bedeutete.

Mein Privatleben war meine Musik; und in einem fruchtbaren Gegensatz dazu stand das Familienleben als eine dauernde Erörterung politischer, gesellschaftlicher und historischer Fragen, die meinen Vater zutiefst bewegten. Meine Mutter kümmerte sich um meine Fremdsprachen-Kenntnisse, engagierte Lehrer und organisierte Ausflüge. Die Botschaften meines Vaters »an die Welt« waren von erschreckend hohem moralischen Anspruch.

Aber genau dieser unerbittliche moralische Anspruch schaffte Schwierigkeiten. Wir sollten unser Leben nach moralischen Grundsätzen führen; doch wie sich herausstellte, erzeugten ebendiese unlösbar erscheinende Spannungen. Am Ende mußten wir Kinder die Wirklichkeit moralischer Schwächen erkennen, und als wir dem elterlichen Nest entwachsen waren – es war zum Schluß mehr zu einer Art Voliere geworden –, machten meine Schwestern und ich einen Sprung ins Ungewisse. Wenn ich zurückschaue, habe ich das Bild von zwei herzensguten Menschen vor mir, die uns gaben, was (vielleicht vernünftigerweise) sehr wenige moderne Eltern ihren Kindern heute geben würden, und dieses Bild hat in der Erinnerung etwas tief Bewegendes, Anrührendes für mich gewonnen.

Aber wie auch immer, der Ruin junger Geiger – oder Wunderkinder, wie man sie in meiner Zeit etwas hochtrabend nannte (heutzutage sind es nur mehr junge Talente; und selbst diese Benennung finde ich unnötig übertrieben) – der Ruin junger Geiger sind ehrgeizige Eltern. Ob es besser oder schlechter ist, wenn die Eltern selbst Musiker sind, ist strittig. Gute Musiker, gute Instrumentalisten, können ein Segen, aber auch ein Fluch für ihre Kinder sein. Im Idealfall gewinnen musizierende Eltern gemeinsam mit ihren hochbegabten Kindern an Tiefe und Vollkommenheit, und die gegenseitige Liebe, Zuneigung und Hilfsbereitschaft bleiben von beständiger Dauer.

Ohne Zweifel ist in allen Fällen eine völlige Abnabelung nötig; sie muß vom Kind vollzogen werden, damit es jene Reife erreichen kann, in der Erfüllung, Dankbarkeit und Zufriedenheit sich vereinen und die, wie in meinem Fall, ein menschliches Verständnis für alle Generationen erlaubt, Respekt und zugleich Dankbarkeit. Ich denke bei diesen Worten nicht nur an meine eigene Kindheit, sondern auch an meinen Sohn Jeremy, einen hervorragenden Musiker und Pianisten, mit dem ich gewissermaßen die gleiche Wellenlänge habe und auf den seine Mutter Diana und ich in aller Bescheidenheit stolz sein können.

Übungen: 3

Anstreichen

Was ich Anstreichen nenne, ist eine Übung, die uns dem Bewegungsablauf beim Geigespielen näherbringt. Beim Geigespielen sollte man beide Arme so führen, als ob sie gar kein Gewicht hätten. Viele Menschen ahnen wahrscheinlich gar nicht, daß es auf der Geige die größere Kunst ist, leise zu spielen. Die beste Übung für angehende Geiger besteht deshalb darin, pianissimo und ohne Druck spielen zu lernen. Wenn man drückt, kann man die Feinheit des Tones und seine unendlich vielen Schattierungen, deren die Geige fähig ist, nicht mehr recht wahrnehmen.

Man beginnt diese Übung, indem man die Arme nach vorn streckt und die Hände herunterhängen läßt. Dann leicht nach vorn neigen und die Hände ganz locker kreisen lassen, gegengleich. Man kann diese Kreise groß oder klein machen, wie man will – der Bewegung einfach freien Lauf lassen. Die Hände sollen ganz locker aus dem Handgelenk schwingen.

Jetzt den Rücken Wirbel um Wirbel langsam aufrichten, aber die Hände weiter kreisen lassen und die Arme langsam nach oben heben (20). Wenn die Arme hochgehen, geht der Kopf mit – es ist, als ob man die Zimmerdecke anstreichen wollte –, die Hände recken sich nach oben, und der Kopf ist leicht zurückgeneigt. Auch der Körper neigt sich leicht nach hinten. Die Brust weitet sich, und die Arme gehen nach hinten. Die Kreisbewegung der Hände fortführen. Nach einiger Zeit aufhören und die Arme wieder sinken lassen.

Abbildung 20

84

Abbildung 21

Der Golfschwung

Damit sollen Lockerheit der Bewegung, Gleichgewicht und Biegsamkeit gefördert werden. Die Beine sind leicht gegrätscht, das Körpergewicht gleichmäßig verteilt. Einen Arm im Winkel von ungefähr fünfundvierzig Grad seitlich ausstrecken, die Hand hängt locker herab. Die andere Hand hält eine unsichtbare Geige. Jetzt das ganze Gewicht auf das Bein unter dem ausgestreckten Arm verlagern (21), dann mit einer Körperdrehung auf das andere; dabei den ausgestreckten Arm herumschwingen, während der zweite Arm immer noch die unsichtbare Geige hält (22).

Die Übung auch in entgegengesetzter Richtung machen – abwechselnd so lange, wie man mag.

Hinter dem Rücken üben

Diese Übung soll die Biegsamkeit der Schultern, des Rückens und der Handgelenke fördern. Sie ist nicht einfach, doch mit einiger Ausdauer – oder natürlicher Gelenkigkeit – zu schaffen.

Den rechten Arm zunächst senkrecht nach oben strecken, dann beugen, so daß die Hand so weit unten wie möglich den Rücken berührt. Den linken Arm

Abbildung 22   87

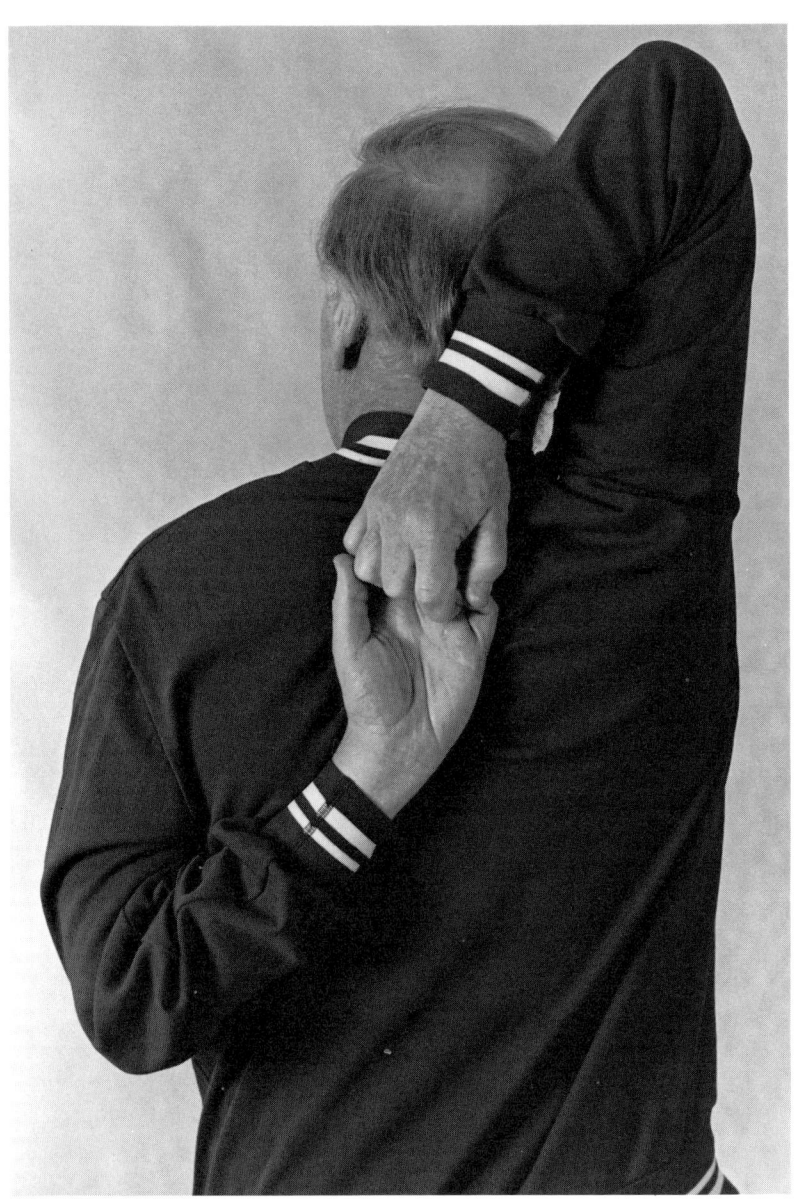

Abbildung 23

hinter dem Rücken nach oben biegen, bis die Finger
beider Hände sich greifen können (23).

Das Gebet eines Geigers

Die Fingerspitzen beider Hände berühren sich hinter
dem Rücken. Die Hände so drehen, daß die Finger nach
oben zeigen und die äußeren Handkanten am Rücken
liegen. Dann die Finger schließen und die Handflächen
aneinanderdrücken (24). Die Hände jetzt so weit wie
möglich am Rücken hochschieben. Diese Übung ist gut
für die Handgelenke.

Abbildung 24

Schattenfiedeln

Für das Geigenspiel ist es wichtig, daß man eine deutliche Vorstellung vom eigenen Körper besitzt und von dem Raum, den man beim Geigen beansprucht. Nach

den vorangegangenen Übungen sollte man jetzt locker genug sein, um den Bogen in die Hand zu nehmen – einen unsichtbaren zuerst, dann einen richtigen. (Man wird sich leichter über die Bewegungsabläufe klar, wenn man nicht durch Bogen und Geige behindert ist.)

Mit leicht gegrätschten Beinen, das Körpergewicht gleichmäßig verteilt, die Spielhaltung einnehmen. Die Schulterblätter müssen ganz entspannt sein. Jetzt die Streichbewegung imitieren (25), ganz leicht und sanft. Achten Sie darauf, wie sich der Abstand zwischen den Schulterblättern ändert. Der Rücken muß genauso sensibel und fühlbar sein wie die Vorderseite des Körpers – man spielt mit dem gesamten Körper. Die Arme sind geöffnet wie zu einer Umarmung.

Jetzt den Bogen zur Hand nehmen. Soviel Raum umgreifen, wie im Bereich der kreisförmig gebogenen

Abbildung 25

Arme möglich ist. Versuchen Sie die Schulterblätter
ganz weit auseinanderzubringen. Den Bogen zwischen
Daumen und Zeigefinger der anderen Hand balancieren
und hin und her bewegen. Beim Aufstrich muß man
spüren, wie die Schulterblätter auseinandergehen. Der
Abstrich lockert, die Schultern fallen nach unten, und
die Spannung verliert sich. Die Fingerhaltung der Bo-
genhand überprüfen – es sollte soviel Raum wie möglich
zwischen den Fingern sein.

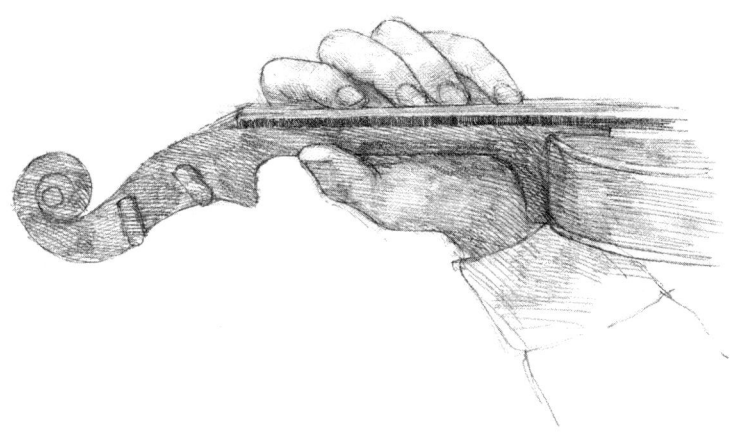

Über Komponisten und Aufführungen

Ein großes Werk ist eine Einheit. Aber es gibt einen Schlüssel zu seiner Struktur wie auch zu seinem melodischen und harmonischen Gehalt. Und seine Aufführung muß durch einen bestimmten Stil gekennzeichnet sein. Damit will ich nicht behaupten, es sei jeweils nur eine einzige Interpretation möglich. Aber es gibt einen Stil, der besser ist als alle anderen, der die betreffende Musik in der ihr gemäßen Weise atmen läßt. Nehmen wir als Beispiel den italienischen Opernstil Paganinis:

Er erfordert ein flexibles Tempo in Verbindung mit einem beinahe übertriebenen Pathos. Er verlangt, daß bestimmte Töne gehalten werden, ein gewisses Zurschaustellen. Der Solist verzaubert sein Publikum. In diesem Punkt ähnelt Paganinis Stil dem vieler italienischer Opern – die Melodie hat den Vorrang, und die Begleitung muß sich ihr anpassen.

Im Gegensatz dazu steht Schuberts Musik, die meist ein gleichmäßiges Tempo verlangt, das sich innerhalb eines Stückes fast nicht ändert. Bei Schubert ist die Musik an die Begleitung gebunden. Die Melodie darf weder im schnellen noch im langsamen Satz hinter den vorwärtsdrängenden Tönen der Begleitung hinterherhinken.

Beethoven

In Beethovens Musik darf der Geiger nur Vermittler sein. Sie enthält wenig Persönliches und läßt sich kaum auf schmeichelnde Klänge, gefällige Schleifer und ähnliches reduzieren. Alles wird von der Bedeutung, dem Gewicht, von Struktur und Gerichtetheit der Töne und Passagen selbst bestimmt. Auch die einfachsten Phrasen, die nach wenig mehr als Tonleitern oder Akkordbrechungen aussehen, enthüllen ihre hohe Bedeutsamkeit, sobald man erkennt, wie grundlegend sie im Aufbau des Werkes verankert sind. Es ist wie eine Art Kommunion, in der alles Persönliche – Wünsche, Sehnsüchte, Enttäuschungen und Bestrebungen – eliminiert ist, in der ein Du sich offenbart, in seiner ganzen Intensität und doch von allem Persönlichen gelöst.

Man darf auch nicht übersehen, daß Beethoven nicht in erster Linie Geigenkomponist ist: Er ist Klavierkomponist. Geiger müssen auf alle Portati und Schleifer verzichten. Der Ton muß ganz rein sein und aller schluchzenden Vibrati entbehren.

Beethoven ist in vielerlei Hinsicht kein Romantiker. Er steht noch vor dieser selbstbezogenen, selbstquälerischen, egozentrischen Romantik, mit der er zuweilen viel zu sehr in Verbindung gebracht wird. Seine Musik kann äußerst dramatisch sein, aber er spricht für die Menschheit und nicht für sich selbst. Er erreicht die Transzendenz des eigenen Leidens, eben weil er für alle spricht. Er besitzt einen Rhythmus über den eigenen, subjektiven hinaus, und deswegen beginnt beispielsweise in seinem Violinkonzert der Rhythmus schon vor dem ersten Takt. Wenn Beethoven ohne Sinn und Verstand gespielt wird, trocknet seine Musik aus, sie wird billig und verkommt zu lärmenden Leerformeln.

Ich meine, Beethoven entwickelt seine Melodik eher aus der Reduktion als aus der Umspielung. Das Zeichen oder Symbol seiner Musik ist universal geworden wie das Kreuz, die Pyramide oder das Dreieck. Bei Beethoven ist wie bei Shakespeare das Gedankliche so vollkommen formuliert, daß es sich nicht einfacher, klarer, prägnanter oder schöner ausdrücken ließe. Will man seiner Musik gerecht werden, darf man also in ihr nicht die hemmungslose Romantik der populären Legendenbildung sehen, sondern im Gegenteil das Intensive, Kompakte und Kristallklare seiner Aussage.

Mozart

Mozart kennt nichts Gekünsteltes, Aufgesetztes: Sinn für Humor, eine derbe Ausgelassenheit, wie sie sich in seinen Briefen verrät, das Verhalten eines gesunden Normalsterblichen – alles mehr als ausreichend, um ein intensives Schaffen von höchster, ausdrucksmächtigster menschlicher Bedeutung zu begünstigen. Mein großer Lehrer Enesco pflegte zu sagen, Mozart sei ein Weingarten am Abhang eines Vulkans. Kein Ton, keine Geste, keine Silbe (in seiner Musik alles gleichbedeutend), die nicht vollendet gebracht werden muß. Aber in diesen Tönen, Gesten und Silben liegen wie bei Shakespeare die gesamte menschliche Tragödie und Komödie, Leidenschaft und Verzweiflung, doch so gefaßt, daß die Form, die Eleganz, wie sie die Zeit verlangte, niemals durchbrochen werden.

Wo Bach für die Menschheit spricht, eine Stimme, die zwischen Mensch und Gott vermittelt, spricht Mozart für den einzelnen, spricht von der menschlichen Bedingtheit. Und doch ist seine Musik weder selbstquälerisch noch Beute intriganter, ungehobelter Tyrannen, noch – wie in letzter Zeit – durch Gewalttätigkeit und Verzweiflung reduziert, die die gesunden, edlen Eigenschaften des Menschen verdecken und verzerren. Wenn wir überleben, werden wir immer wieder auf die Musik der großen Klassiker zurückkommen, um Leib und Seele, Herz und Verstand zu erquicken.

Bach

Bachs Musik läßt sich leichter als jede andere in jede
beliebige Aufführungsart übertragen. Von Jazzbands
gedudelt, gesungen, gepfiffen und auf Nasenflöten ge-
blasen – sie bleibt immer und unverkennbar Bach. Das
einzige, was sie nicht verträgt, ist eine Verzerrung ins
Sentimentale oder Romantische. Aus diesen Gründen
ist das Klavier, seinem Wesen nach ein romantisches
Instrument, für Bachsche Musik problematisch. Man
muß vorsichtig zu Werke gehen. Aber es geht, wie man
an den Aufnahmen von Glenn Gould erkennt. Wenn
der Geiger vom Klavier zum Cembalo als Begleitinstru-
ment überwechselt, wird ihm klar, daß er dabei seinen
Stil völlig ändern muß. Er muß zu einer Spielart zurück-
finden, die tatsächlich authentischer ist. Ich brauche
immer Stunden, um mich umzustellen. Beim Zusammenspiel mit dem Cembalo braucht man eine völlig
andere Tonqualität: Man muß auf intensives Vibrato
und starken Ansatz verzichten, weil beides den Charakter dieser Musik verletzt, die in tiefer Gläubigkeit wur-
zelt. Bachs Musik leistet solchen Umsturzversuchen
Widerstand. Ihre intellektuelle Vielschichtigkeit wehrt
alle Manipulationsversuche ab. Ebensowenig läßt sie
sich ins allzu Sinnliche pervertieren.

Wenn man Bach spielt – oder auch Corelli, Händel
und Purcell –, muß der Ton eine Qualität zurückgewin-
nen, die man mit dem Stimmklang von Chorknaben in
Verbindung bringen könnte: eine hohe, reine Tonfarbe.
Bach war natürlich alles andere als ein Puritaner – man
sollte Reinheit nicht mit Purität verwechseln. Seine
Musik vermittelt eine leidenschaftliche Erregung, die

aber durch ihre Beständigkeit über alles hinausgeht, was wir romantisch nennen. So die Einleitung der g-Moll-Sonate für Violine solo oder der e-Moll-Satz aus der E-Dur-Sonate mit Cembalo: Beispiele für eine von Anfang bis Ende durchgehaltene Stimmung. Welch ein Unterschied zu romantischer Musik, die stets Kontraste fordert, die wechselt zwischen heroisch und zärtlich, aufgewühlt und nachdenklich, freudvoll und leidvoll. Bach hält eine Stimmung einen ganzen Satz durch. Seine Musik hat ein eigenes Zeitmaß – wie die Volksmusik, die mittelalterliche Musik oder die Improvisationen klassischer indischer Musiker über einen Raga.

Bach ist oftmals zutiefst bewegend und leidenschaftlich, aber er schildert keine persönlichen Leidenschaften und will auch keine persönlichen Überzeugungen übermitteln. Er spricht für das Menschliche und Zeitlose: Liebe, Seele sub specie aeternitatis. Bachs Geist läßt sich nur mit dem eines Einstein vergleichen.

An der Musik von Bach, aber auch der aller Klassiker – ich denke hier besonders an Komponisten wie Corelli – ist das Besondere, daß die Wirkung der Musik um so stärker ist, je begrenzter und damit durchsichtiger die Ausdrucksmittel sind. Mit anderen Worten – beim Spielen dieser Musik ergibt sich ein zentrales Paradox: Je weniger Gefühl der Spieler oder Interpret ausdrücken oder hineininterpretieren will, um so mehr Gefühl wird übertragen, vorausgesetzt, die Proportionen stimmen und Tonqualität sowie Interpretation sind richtig. Und vorausgesetzt natürlich, der Interpret besitzt ein Gespür für diese Dimension des Überpersönlichen.

Bach ist für mich immer der beste Prüfstein für die Ehrlichkeit eines Geigers. Wenn ich höre, wie ein Geiger in romantischen Fingersätzen auf der G-Saite schwelgt, nur um des Klanges willen, die Stimmen ungeachtet ihrer kontrapunktischen Eigenheiten durcheinanderbringt und romantische Effekte hervorzaubert, die mit Bach nichts zu tun haben, dann weiß ich, daß er auf dem Holzweg ist, sei er technisch auch noch so perfekt. Wer das tut, nimmt der Musik ihre Eigentlichkeit; er unterwirft sie persönlichen Gefühlen und beraubt sie ihrer Allgemeingültigkeit.

Händel und Haydn

Händel und Haydn gehören für mich immer zusammen, vielleicht weil die Musik beider etwas Beruhigendes für mich hat. Beide waren tief religiös, und das hat wohl etwas damit zu tun. Ich spüre immer, daß ihre Musik von keinerlei Zweifel getrübt ist: Sie hat etwas von vollkommener Reinheit an sich, eine Zufriedenheit mit sich selbst und der eigenen Zeit. Es ist Musik, die für mich immer von Gesundheit strotzt, nur wenige Schattenseiten kennt – Musik, die stärkt und belebt. Diese Gelöstheit stellt an den Interpreten Ansprüche, denen der romantische Geiger, wenn es ihm an innerer Ruhe mangelt, gewiß nur schwer gerecht werden kann.

Bloch

Bloch schrieb jüdische Musik. »Jüdische Musik« heißt in diesem Zusammenhang traditionelle geistliche Musik, die Jahrtausende zurückreicht, Musik, wie sie der

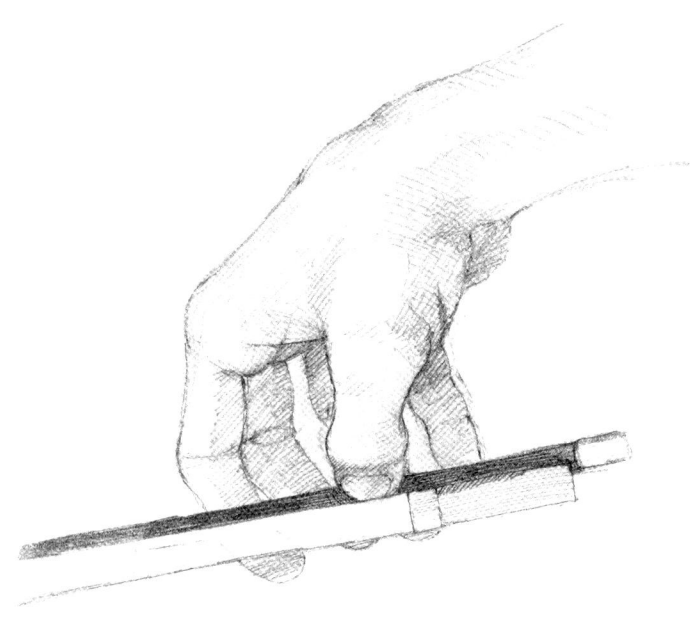

Chasan im Tempel intoniert, oder auch liturgische Synagogenmusik. Aber außerdem gibt es eine andere Art »jüdischer Musik«, die für die Geige bestimmt und nichtsdestoweniger sanglich ist. Ich meine die Violinmusik, die von Zigeunern aus Südrußland und Polen beeinflußt worden ist. Sie hat einen stark slawisch-zigeunerischen Einschlag. Diese beiden Elemente, das Religiöse und das Volkstümliche, finden sich in Blochs Kompositionen vereint. Das erstgenannte zeigt sich in dessen Vorliebe für Modalität. Er behauptete zwar, seine modalen Kompositionen würden immer für Indianermusik gehalten. Aber vielleicht hielt er selbst sie für indianische Musik, weil er sich eine Zeitlang unter den Indianern von Arizona (wie ich glaube) und von New Mexico aufgehalten hatte.

Bloch hatte den gleichen Instinkt wie Bartók, der auch nach den Wurzeln suchte, nach den Ursprüngen der menschlichen Natur. Es ist wohl ein modernes Verlangen, danach unter den Völkern zu suchen, die man für noch unverdorben, für unberührt von der heutigen Zivilisation hält. Aber trotz allem bleibt Bloch seinem Wesen nach ein jüdischer Komponist, mit seinem Gefühl für den jüdischen Verzweiflungsschrei, für das inbrünstige Gebet, mit seinem Sinn für modale Klanglichkeit.

Bloch ist der berühmteste Schweizer Komponist. Jeden Sommer kehrte er in seine Schweizer Heimat zurück und machte dort herrliche Fotos – meistens von sich selbst gegen den Hintergrund der monumentalen Bergwelt –, Bilder von prophetischer Eindringlichkeit. Übrigens war er einer der ersten Fotografen, die sich der Leica bedienten. Er besaß einen hochentwickelten Sinn für Dramatik. Meist machte er mit Fernauslöser Aufnahmen von sich selbst, auf denen sein bestürzend alttestamentarisches Gesicht vor dem Matterhorn-Massiv wie aus dem Fels herausgehauen wirkte. Das klingt nach Größenwahn; aber in Wirklichkeit war er ein sehr bescheidener Arbeiter. Schon in vorgerücktem Alter, Anfang der dreißiger Jahre, zeigte er mir handgeschriebene Notenhefte, in die er zwei Jahre lang Kontrapunktübungen und vielstimmige Fugen eingetragen hatte, nur um Hand und Ohr zu schulen.

Seine Musik besteht großenteils aus einer Folge von Themen und Meditationen. Ich lernte zuerst die späte Komposition »Baal Schem« kennen. Als ich noch ein kleiner Junge von sieben oder acht Jahren war, schrieb er ein herrliches Stück für mich. Es hieß »Avodah« und war das erste Musikstück eines lebenden Komponisten, das ich spielte. Er war ein herzensguter Mensch, den eine starke Religiosität beseelte, und niemand konnte besser für die Geige schreiben. Für mich zählt er zu den größten Violinkomponisten neben Bach, Bartók und Enesco.

Debussy

Ein Genie von überzeugendster Originalität: Sein Geist geht Wege, die unvorhersehbar und doch folgerichtig sind; seine Musik wird von Wogen innerer Impulse getragen. Ins Bildhafte übersetzt könnte man sagen, seine Kompositionen spiegeln im Schillern wechselnder Perspektiven das bewegte Spiel von Licht, Luft und Wasser wider.

Er kennt nicht die durchgehende Linie, nicht die Einheit von Tempo und Form einer großen Symphonie von Schubert oder Beethoven. Und trotzdem ist der Aufbau seiner Musik vollkommen und konsequent, da jeder einzelne Mosaikstein im geradezu femininen, ungestümen und widersprüchlichen Spiel der Impressionen und Reaktionen seinen festen Platz hat.

Bartók

Mit Bartók läßt sich nicht feilschen. Man kann zu seiner Musik nicht sagen: Einigen wir uns – bist du nett zu mir, bin ich nett zu dir. Bartók besitzt einen grimmigen Stolz. Ich höre das aus dem Anfang des h-Moll-Violinkonzerts oder sogar den ruhigeren Abschnitten des zweiten Satzes, Thema und Variationen. Man kann diese Musik nicht gefälliger oder leichter spielbar machen, indem man sie langsamer und gefühlvoller spielt oder ein paar Drücker aufsetzt, damit sie lieblicher klingt. Aber es ist auch keine nüchterne oder strenge Musik – sie ist leidenschaftlich, aber von einer Leidenschaft ohne Sentimentalität, mit einer Tendenz zur Kompromißlosigkeit. Bartóks Kompositionen zeichnen sich durch einen hohen geistigen Gehalt aus, durch die gekonnte Einbeziehung von Elementen aus der Volks- und aus der Kunstmusik, durch musikalische Phantasie und durch die Beherrschung des Tonmaterials, wodurch sie die melodische Starre der Zwölftonmusik zu entlarven vermögen. Und doch birgt seine Musik bei aller Grimmigkeit, aller ungarischen Widerborstigkeit eine unendliche melodische Heiterkeit. Er schreibt eine Musik, die das Menschliche transzendiert, die Himmel und Hölle erreicht. Vielleicht liegt das daran, daß seine Musik so tief verwurzelt ist in Volksmusik und Volkstum seiner Heimat und in sich das unzähmbare Erbe von Äonen trägt. Sie zeigt die Ausdrucksgewalt nicht nur eines einzelnen, sondern ganzer Geschlechterreihen, Eigenschaften des Inbegriffs eines männlichen Charakters: Trotz, oftmals Kompromißlosigkeit. Aber sie besitzt auch Humor, Pathos und vor allem: Mitgefühl. Manchmal will es mir vorkommen, als ob Bartók und Beethoven viel Gemeinsames hätten. Beider Streichquartette kennzeichnet ein ganz charakteristisches Ineinanderwirken von Greifbarem und Ungreifbarem. Beide lieben sie plötzliche Ausbrüche, inhaltsschwere Pausen und Gewaltsames, in Heiterkeit gehüllt.

Bartók hatte einen ganz natürlichen Hang zur Musik, wie wohl jeder Ungar. Aber er besaß auch einen ebenso stark entwickelten Verstand für Fragen der Analyse, der Linguistik und sogar Botanik, in denen er hervorragende Kenntnisse besaß. Und, was noch höher zu bewerten ist, er verband das Intuitive mit dem Intellektuellen auf die erstaunlichste Weise, auf einem höheren Niveau als jeder andere Komponist, den ich kennenlernte. Mit welcher Meisterschaft er sein Handwerk auch beherrschte – es geschah nie ohne einen intuitiven Zugriff. Damit meine ich, es geschah nichts rein verstandesmäßig. Bartóks Zugriff war immer unmittelbar, sicher, gezielt: ein spontanes Erfassen dessen, was für die Komposition, die Musik jeweils richtig war. Dieselbe Zielstrebigkeit zeigte er wohl, wenn er sich für Grundsatzfragen einsetzte oder gegen seine Widersacher, wie zum Beispiel gegen das damalige ungarische Regime. Er verließ seine Heimat und emigrierte nach Amerika.

Allerdings war der Preis dafür – die Entwurzelung – sehr hoch. Bartók hatte scharf entwickelte Sinne; sein Geruchssinn und seine Beobachtungsgabe reichten an die eines Indianers. Das hatte zur Folge, daß er sich mit schmerzlicher Deutlichkeit immer wieder an seine geliebte Heimat erinnerte. Einer seiner letzten Auftragsangebote in Amerika war die Erforschung der Musik der nordwestlichen Indianerstämme als Stipendiat der Northern Western University in Seattle. Was für ein anregendes Unternehmen hätte das werden können! Er wäre ganz in seinem Element gewesen. Vielleicht hätten ihm die Urwälder dieses Gebiets Ungarn und den Balkan ersetzen können, die er so sehr vermißte. Außerdem finde ich, daß es eine wunderbare Entschädigung gewesen wäre für alles, was ihm die Welt sonst geboten hatte. Ich könnte mir vorstellen, er hätte für die Indianer eine Musiksprache entwickelt, die ihrerseits allgemeingültig geworden wäre. Ich habe mir schon oft gedacht, jede bodenständige Kultur bräuchte ihren Bartók.

Enesco

Ich erinnere mich, daß vor vielen Jahren, als ich meine ersten Konzerterfahrungen sammelte, Enesco mich einmal zur Kolonialausstellung in Paris mitnahm, wo ich zum erstenmal Musik aus Bali und Schallplatten mit afrikanischer Musik hörte, was mich ungeheuer begeisterte. Was konnte ein Junge von ungefähr elf Jahren mehr verlangen?

Zu den Stücken, die mich als Junge am meisten begeisterten, gehörte Enescos dritte Violinsonate, die er im volkstümlichen rumänischen Stil komponiert hatte. Als ich noch klein war, trieb mich ein unbändiges Verlangen, Zigeunermusik zu improvisieren, obwohl ich doch viel zu klassisch und traditionell ausgebildet wurde, um überhaupt improvisieren zu können. Ich konnte lediglich in die Rolle des Zigeunergeigers schlüpfen, wenn ich nur den Text dazu bekam. Enescos dritte Sonate für Violine und Klavier ist nicht nur in ihrem musikalischen Gehalt und ihrem Aufbau bewundernswert – sie ist auch ein Meisterwerk der Notationskunst. Sie bot mir den Text, den ich brauchte. Folgt man den Anweisungen ganz genau, vermitteln Geiger und Pianist den überzeugenden Eindruck, als ob hier zwei Zigeuner loslegten. Meine Lieblingsschwester Hephzibah und ich schwelgten immer wieder in dieser Musik. Aber abgesehen von dieser Manie war Enesco ein großer Komponist, der eine persönliche Tonsprache für Oper, Kammermusik und Lieder entwickelte, mit einer höchst originellen harmonischen Struktur.

Enesco entstammt jener ganz eigenartigen Mischung, wie sie sich nur in Wien fand: uraltes Erbe aus Ungarn und Rumänien sowie Zigeunertum, verbunden mit der Kultur Westeuropas. Diese Vermischung bedingte das unglaublich reiche Musikleben des alten Wiens. Enesco hatte, wie Bartók auch, teil an dem Erbe. Er war ein hochgebildeter Mensch und Musiker; auf ihn kann man mit vollem Recht das Wort Aristokrat anwenden. Er kannte die Klassiker und die Modernen; er besaß eine dreifache kulturelle Basis; und er hatte sich seinen eigenen rumänischen Musikstil geschaffen. So wie die französischen Hänge ihre unnachahmlichen Weine hervorbringen, so produziert das rumänische Bergland seine eigene, unverwechselbare Musik. In diese seine Wurzeln hatte Enesco die beste deutsche Tradition gepfropft, die er in Österreich mitbekommen konnte. Als Drittes dann die besten Verbindungen zu Frankreich – zu Fauré, d'Indy und allen Vertretern jenes raffinierten französischen Impressionismus. Die Kombination dieser drei Kulturen ist etwas Einmaliges. Sein Werk verbindet Debussy mit Brahms und ist durchtränkt von rumänischer Vitalität.

Aus Enescos Musik spricht eine starke improvisierende Expressivität, die ihn, in Verbindung mit seiner klassischen Ausbildung, zu einer musikalischen Größe erhebt. Er hatte das Repertoire zum größten Teil in seinem Gedächtnis gespeichert; immer spielte er auswendig. Er hatte einen unfehlbaren Sinn für Stiltreue, und immer floß bei ihm eine Spur Improvisation mit ein, selbst wenn er Bach interpretierte. Stets hatte man das Gefühl, als hätte er die Musik, die er gerade spielte, selbst geschrieben.

Über englische Musik

Englische Musik und die englische Musikszene beinhalten ein Paradox: Sie bringen einen erkennbaren Stil hervor, und doch muß man sagen, daß sie eigentlich keinem folgen, oder vielmehr: sie öffnen sich einer Vielfalt von internationalen Musikstilen, Künstlern, Komponisten und ausübenden Orchestermusikern. Sie nehmen alles freundlich an, so wie sie seinerzeit auch Händel und Haydn freundlich aufgenommen haben – um nur zwei der berühmtesten Beispiele zu nennen. Die Engländer haben einen ausgeprägten Sinn für ihren eigenen Stil, wie man an all ihren herkömmlichen Zeremonien und Ritualen sehen kann, auch ein intuitives Gespür dafür, wohin ein Stil führen kann, so daß sie ablehnen, was nicht mit ihrem natürlichen Lebensraum harmoniert. Sie fühlen sich zum Maßvollen und Zurückhaltenden hingezogen. Zugleich aber können sie trotz aller Abneigung gegen das Extreme viel eher als andere fremde Stile sich aneignen oder auf sie reagieren. Furtwängler hat einmal gesagt, er würde den »Tristan« lieber mit dem Philharmonia Orchestra machen als mit dem besten deutschen Orchester. Die Art, wie Beecham

Mozart dirigierte, verriet ein intuitives Einfühlungsvermögen, das einer verfeinerten Sensibilität entsprang und einer Bereitschaft, den anderen zu verstehen, ihm als einem Fremden Respekt entgegenzubringen und sich um eine Tonsprache zu bemühen, die dem Stil angemessen ist. Im Gegensatz dazu zeigen stärker national gefärbte Stile bestimmter Kulturen – der Franzosen vielleicht oder der Deutschen – eher die Tendenz, alles, was nicht ihr eigen ist, in Bausch und Bogen abzulehnen.

Ich habe den Eindruck, daß es der englischen Musik sehr oft an sexueller Leidenschaftlichkeit fehlt. Ihre großen Themen sind die Verherrlichung des Staates oder Gottes, der Kirche oder selbst der Landschaft – selten jedoch die menschliche Leidenschaft. In der englischen Musik sind die großen Leidenschaften gewissermaßen abstrakter, sie geraten in die Nähe eines mittelalterlichen Mystizismus, einer Philosophie und einer weltlichen Gesinnung, die in ihrer von allem Irdischen losgelösten Abstraktheit fast etwas Jesuitisches an sich haben.

Natürlich gibt es rühmliche Ausnahmen. Walton zum Beispiel war ein freimütiger Sensualist – das jedenfalls haben ihm vergeistigtere Zeitgenossen stets vorgehalten. Man sollte aber seinen Verstandesgaben nicht unrecht tun – er war schließlich Engländer, und das heißt, er hatte eine Ausbildung an einer Chorschule genossen und beherrschte ein von Grund auf intellektuelles Instrument – die Orgel.

Elgar

Der entscheidende Wesenszug Elgars ist seine englische Art, jene angeborene Flexibilität, Sensibilität und Anpassungsvermögen. Er erinnert mich ein wenig an das englische Wetter, das so abwechslungsreich ist und im Nu umschlagen kann, das aber keine Extreme kennt, immer erträglich bleibt und weder arktische noch tropische Kleidung erfordert. In seiner Variationsbreite ähnelt es der englischen Landschaft mit ihren feinsten Nuancierungen des Grüns. Elgars Musik ist außerdem sehr wehmütig – man könnte fast sagen, seine Musik erinnert an England als eine wunderschöne grüne Insel, aus einiger Entfernung betrachtet, aus dem Exil, aus der Sicht Tausender ausgewanderter Briten, die sich in ihrem Herzen dieses England-Bild bewahrt haben.

In Elgars Musik vollzieht sich ein ständiges Strömen, Ebbe und Flut fast von Takt zu Takt. Nichts Abruptes, nichts, was den Fluß hemmt. Sie quillt gleichsam aus dem Untergrund und fließt mühelos dahin, wenn auch nicht ungeregelt, beseelt von einer selbstverständlichen Würde. Nie ist sie in irgendeiner Weise aufdringlich. Selbst die Höhepunkte sind im Grunde sanft, auch die lautesten und heftigsten. Das klingt alles recht paradox; aber wer Elgars Musik kennt, wird verstehen, was ich damit sagen will. Zuweilen schimmert an hochdramatischen Stellen sogar ein gewisser Humor durch; auf diese Weise entgehen sie der Wirkung bloßer Kraftausbrüche oder grimmiger Entschlossenheit. Und so fehlt auch jeglicher Chauvinismus in seiner Musik – obwohl sie auf dem Höhepunkt englischer Machtentfaltung entstand, hat sie nichts Anmaßendes an sich.

Elgar schrieb höchst reizvolle Salonmusik und besaß zudem einen Sinn für Würde und einen tiefen mystischen Glauben; er war glühender Katholik. Sein Nationalgefühl speiste sich aus abstrakteren Inspirationsquellen, es war mystisch, aber herrlich und hatte fast etwas von Landgeruch an sich. Aber seine Bodenständigkeit unterschied sich meiner Meinung nach deutlich von der all seiner europäischen Zeitgenossen; vielleicht gibt es historische und politische Gründe dafür. Die Eleganz seiner Musik spricht von einer Welt, die weit entfernt ist von der fast feudalistischen Welt, deren Einfluß im 19. Jahrhundert noch sehr stark war. Zu Elgars Zeiten hatten sich die englischen Bauern schon in einem Maße emanzipiert, wie es in anderen Ländern Europas noch unbekannt war – in England hatte die industrielle Revolution bekanntlich früher eingesetzt als anderswo. Ich glaube, die letzten Reste ursprünglichen Volkstums hatten hier einer ländlichen Mittelschicht Platz gemacht, ein Phänomen, das man in Osteuropa kaum antraf; dort blieb ein Bauer einfach Bauer, und zwischen Bauer und Adel konnte sich noch keine Mittelschicht mit verbesserten Lebensbedingungen schieben. So trennt Elgar ein ganzes Zeitalter von den Wurzeln einer Heimatverbundenheit, welche die österreichische und die deutsche Gesellschaft und deren große Komponisten nährten.

Aber bei aller englischen Wesensart darf man Elgars Verbundenheit mit der deutschen Musik nicht vergessen und die Tatsache, daß seine Harmonik durch und durch europäisch ist. Das wird deutlich, wenn man ihn mit anderen europäischen Komponisten vergleicht.

Bei Vaughan Williams und Delius ist die Tonsprache

sehr persönlich, ihre Kontrapunktik und Taktbehandlung sind der mittelalterlichen Musik viel näher, wie auch bei Purcell. Hier wird die Phrase nicht vom Taktstrich bestimmt, sie geht über ihn hinweg, sie wird mit anderen Worten nicht vom Takt zergliedert. Elgars Takte dagegen sind zwar viel freier und fließender als in deutscher Musik, aber dennoch deutlich erkennbare »Takte«.

Paganini und das Vorbild des männlichen Geigers

Paganini war ein Komet am Himmel der Musik. Er verzehrte sich im Laufe seines von Krankheit tragisch verkürzten Lebens, aber er hinterließ einen Kometenschweif an Kompositionen von faszinierender Brillanz, die in ihrem italienisch-opernhaften Gehalt soviel Dramatik bergen und in ihrer Gestaltung so hohe technische Anforderungen stellen, daß selbst heutzutage ein Geiger, der ihrem inneren Wert gerecht werden kann, sein Publikum blendet und mitreißt. Er war der erste bedeutende Vertreter des reisenden Erfolgsvirtuosen, das kommerzielle, etablierte Gegenstück zum Zigeunergeiger, ein moderner, weltgewandter Stadtmensch fernab von Zigeunerlagern und mühsamen Fahrten ins Ungewisse; seine Faszination hat das Publikum selbst nach seinem Tod im Jahre 1840 kaum mehr losgelassen.

Ich komme noch einmal auf die Frage des Stils zurück, die der Paganini-Interpret klären muß. Er muß den Stil finden, der den Atem der Musik bewahrt. Der italienische Opernstil Paganinis erfordert Freiheit und ein fast übertriebenes Pathos; bestimmte Töne müssen gehalten werden. Er verlangt vom Solisten schauspielerisches Talent, mit dem er das Publikum in seinen Bann schlägt. Wie bei der italienischen Oper muß sich die Begleitung völlig der Melodiestimme unterordnen.

Die Legenden um Paganini, den dämonischen Geiger, bestehen natürlich aus vielen Ausschmückungen, enthalten aber einen wahren Kern: Sie ranken sich um das Bild des Virtuosen als eine verwegene romantische Gestalt. Bestätigt wird es durch Geschichten voll störenden Beiwerks, wie das unter Geigern nicht selten vorkommt.

Eine meiner Lieblingsanekdoten von Paganini dreht sich um seine Einstellung zum Üben. Eines schönen Tages, als Paganini sich zum Üben eingeschlossen hatte, beobachtete ihn ein hartnäckiger Verehrer, der das Geheimnis der Technik des Meisters entdecken wollte, durchs Schlüsselloch. Und was sah er? Paganini nahm seine Geige aus dem Kasten, setzte sie an und legte sie kurz darauf wieder zurück. Mir gefällt diese kleine Geschichte, weil sie meine Theorie bestätigt: Es gibt so etwas wie stummes Üben!

Über den Geiger

Der Geiger ist jene merkwürdige menschliche Erscheinungsform, die eine seltene Kraft verkörpert – halb Tiger, halb Poet. Er ist die Inkarnation einer eigenen animalischen Behendigkeit in der Erhöhung durch den menschlichen Geist. Ihm obliegt es, von menschlichem Erinnern, Fühlen und Denken zu sprechen; er macht das Unfaßbare faßbar, indem er es in Klang und Rhythmus zum Ausdruck bringt. Der Geiger muß meiner Meinung nach die Gabe eines Dichters besitzen, um durch die harte Schale von Propagandisten, Börsenmaklern und Sklavenhändlern bis zum Kern der Wahrheit vorzudringen.

Was im Tiger triebhaft angelegt ist, darf man ihm nicht zum Vorwurf machen; denn als Tiger hat er keine Wahl. Wenn das Tigerhafte jedoch in einem Menschen zum beherrschenden Prinzip wird, dann handelt es sich um eine bewußte Entscheidung. Es genügt nicht, durch Erbfaktoren, Geburt und Milieu besonders begünstigt zu sein und zu behaupten: das hat mich zum Geiger gemacht – der wahre Geiger ist nach meinem Dafürhalten wie der wahre Bergsteiger oder der wahre Astronaut ein Selfmademan.

Sobald man sich für die schöpferische Tätigkeit entschieden hat, wird sie zum Maß aller Aktivitäten. Alles was man tut, denkt, empfindet, anfaßt oder sieht, wie man sich hält und bewegt, wie man an die Arbeit herangeht; die Nahrung, selbst Freud und Leid – alles wird bewertet und gewichtet in Hinblick auf dieses eine Ziel, das Selbstdarstellung und wohl auch Spiegel der Menschheit ist. Vielleicht sollte ich statt Spiegel besser Röntgenapparat sagen; denn ein Spiegel, so wertvoll er auch für die Selbstfindung und Selbsterkenntnis sein mag, ist doch nur ein Reflektor, der Röntgenapparat aber legt tieferliegende Schäden frei, damit man sie heilen kann.

Wenn ich das Wesen der Kunst definieren sollte, würde ich sagen, es sei die subtile Reaktion auf Barbarei und Roheit. Damit meine ich, daß in jeder Gesellschaftsschicht Unausgeglichenheit und Unstimmigkeit herrschen. Die Musik dagegen besitzt einen unerschöpflichen Reichtum an Feinheiten und Empfindungen und unendlich viele Abstufungs-, Steuerungs- und Kontrollmöglichkeiten. Vielleicht ist jetzt unschwer zu erkennen, weshalb ich die Musik gewählt habe. Unsere Reaktionen auf Gewalt und Barbarei bestehen doch im allgemeinen darin, mit gleicher Münze heimzuzahlen, Auge um Auge, Zahn um Zahn, in blindwütiger Rachsucht. Die Kunst, die wahre Kunst, widersetzt sich solchen Reaktionen, so wie sich ihnen wohl auch die wahre Religion widersetzen würde, und lehrt statt dessen Demut, Toleranz, Achtung und Respekt. Aufgeschlossenheit und Mitgefühl sind die Schlüssel zum Verständnis, zu differenziertem Empfinden und Verstehen; Verurteilung und Gewalt das genaue Gegenteil. Sie verhärten nur die Vorurteile, den Haß und Radikalismus. Mir kommt es immer wieder so vor, als ob die allgemeinen Grundsätze für das, was ich ein aufgeklärtes menschliches Verhalten nennen möchte, auch für das Geigenspiel gälten. Deshalb ist für mich die Musik die vollendete Darstellung des menschlichen Körpers und Geistes – ja unseres ganzen Universums.

Betrachte ich mein Leben als Musiker, wird mir klar, daß ich allen Grund habe, der dankbarste Mensch der Welt zu sein. Die Musik hat mich tatsächlich mehr als einmal gerettet – ohne die Hilfe dieses klingenden Holzes, dem meine Arbeit gilt, hätte mich das Leben zuweilen vernichten können. In vieler Weise verdanke ich der Geige oder zumindest doch dem Umstand, daß ich sie spielen lernte, meine Bildung; und deshalb bin ich davon überzeugt, daß alles, was zu einem besseren Geigenspiel beiträgt, auch für das Leben schlechthin von Wert ist. Es gibt einfach nichts bei der praktischen Beschäftigung mit Musik, was sich nicht überall anwenden ließe, was nicht beitragen würde zu einem besseren Verständnis, ob es sich nun um Fragen des Gefühls oder der Analyse, der Psyche, des Verstandes oder des menschlichen Geistes handelt.

Was gibt mir die Musik? Sie stellt mir eine Sprache zur Verfügung, die in mancher Hinsicht genauer, im Gefühlsbereich eindeutiger und offenbarender ist, als Worte je sein können, wenn es nicht die Worte eines großen Dichters sind. Was ich vermag oder zu vermögen glaube, ist eine Fühlungnahme mit meinen Mitmenschen, eine Fühlungnahme mit allem, was fühlt. Für mich ist Musik daher eine allgemeinmenschliche Begegnung. Ich muß außerdem sagen, daß die Musik mir immer die Gelegenheit zur Ausflucht verschafft hat; denn nicht alle Begegnungen sind wünschenswert oder besonders angenehm. Vor allem aber hat mich die Musik in Bewegung gehalten, und sie hat mir sogar Freiheit verschafft. Ich erinnere mich, wie ich in den allerletzten Monaten des Krieges noch zur amerikanischen Armee eingezogen werden sollte und glücklicherweise nicht einrücken mußte, weil der Krieg inzwischen zu Ende war. Aber während der ganzen Kriegsjahre konnte ich nach Belieben arbeiten, reisen und spielen, wo ich wollte. Ich denke, niemand hat es mir verargt, daß ich nicht mit einem Gewehr herumgelaufen bin.

Interpretation erwächst aus einem tiefen Verständnis eines Werkes. Der Musiker, der Spieler, der Künstler, muß das Werk so gut oder zumindest gut genug verstehen, daß er ganz unbefangen bleiben kann. Er muß sich frei fühlen, damit er in der Lage ist, sich dem Werk gegenüber gleichsam alle Freiheiten herauszunehmen, nicht bloß zugestandene Freiheiten – alle Spielarten der Bogenführung und des Fingersatzes, die dieser Freiheit dienlich sind. Freie Wahl verlangt höchste Sicherheit. Ebendiese wünscht und braucht nach meinem Dafürhalten der Komponist. Greifen wir ein Beispiel heraus: Alban Berg. In der Partitur seines Violinkonzerts erblickt man ein Porträt der Musik: eine »Tonlandschaft«, die Berg im Geiste hörte. Um aber etwas zustande zu bringen, was der Vorstellung des Komponisten ungefähr entspricht, muß der Interpret oft ganz andere Bogenstriche und selbst Fingersätze verwenden, um die Musik zum Leben zu erwecken, so klingen zu lassen, wie sie es verlangt, und um ihren Gehalt zu vermitteln. Ich denke besonders an dieses Violinkonzert, weil es ein ganz und gar romantisches, gestenreiches, neurotisches, äußerst bittersüßes Werk ist. Mit anderen Worten: es genügt nicht, festzustellen, Musik sei Ausdruck. Natürlich ist sie das; aber die Art und Weise, wie dieser Ausdruck zuwege gebracht wird, ist abhängig von einer Vielzahl von Faktoren, vor allem vermutlich von der Wahl, die der Interpret, der Geiger, mehrfach treffen muß. Und die Qualität, das Maß und die Proportionen, die durch seine Entscheidung bestimmt werden, vermitteln uns seinen Stil.

Stil ist das Endresultat, der äußere Ausdruck der getroffenen Wahl. Nehmen wir ein anderes Beispiel: Kreisler. Wer repräsentiert vollkommener den Wiener Stil als er? Wer kennt ihn besser? Aber um diesen Stil kennenzulernen, braucht man ein ganzes Leben. Um einem von Kreislers Walzern jene Eleganz, jenen Charme zu verleihen, habe ich ebenso lange, ja eigentlich noch länger gebraucht, als es mich kostete, eine Fuge von Bach in den Griff zu bekommen. Mit siebzig scheine ich endlich reif genug zu sein für die neunte Symphonie von Beethoven und für einen Walzer von Strauß.

Abbildung 26

Übungen: 4

Die bisherigen Übungen dienten der Vorbereitung zur
Haltung von Bogen und Geige. Sie sollten uns klar-
machen, wie alle Körperteile zusammenwirken und wie
die Bewegung des einen das Gleichgewicht des anderen
beeinflußt. Keine Bewegung geschieht für sich allein,
und meine Übungen zielen darauf ab, daß man die
Energieverschiebungen, die fortwährend in uns wie
auch im Universum stattfinden, bewußt erlebt. Wir
lernen, die kleinsten und doch so wichtigen Bewegungen zu empfinden. Die meisten Menschen halten das
Große für das Bessere. Das mag in vielen Dingen zutref-
fen, aber bei der Musikausübung (und der Musiker übt
ja vor allem aus) zählen allein die Sensibilität für die
kleinsten Einzelheiten und deren Perfektion. Man muß
den Wert der Feinheiten und ihre Auswirkung auf den
Gesamteffekt, auch in der Körperhaltung, verstehen
lernen. Es reicht nicht, daß der Geiger weiß, was er da
tut – er muß es auch erfühlen können. Viele Vorgänge
im Zusammenspiel der Glieder und Finger, des Kopfes
und der Füße bleiben dem Auge verborgen und gesche-
hen unmerklich, wenn man nicht daran arbeitet, sie sich
bewußt zu machen.

Bogenhaltung

Wir nehmen jetzt den Bogen in die Hand. Das Aller-
wichtigste dabei ist, daß man ihn so leicht wie möglich

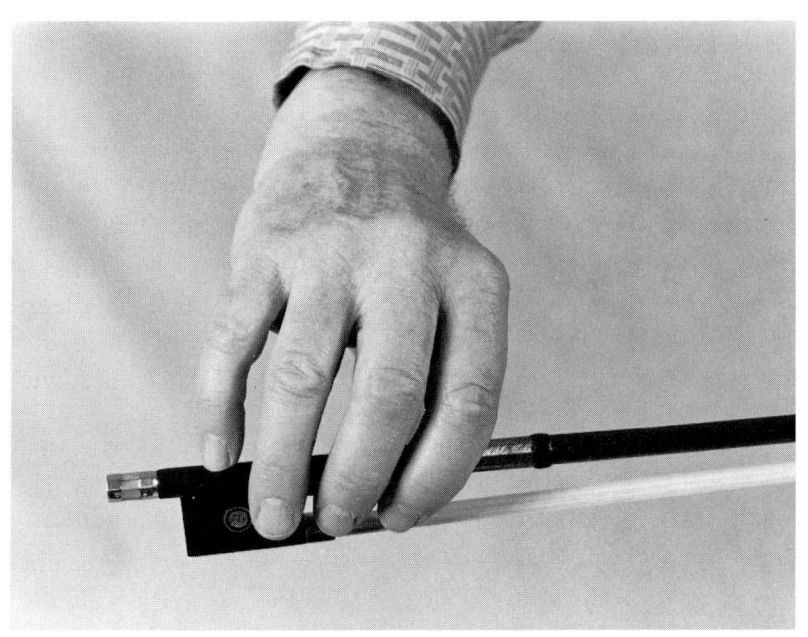

Abbildung 27

hält – so als ob man einen Nestling in die Hand nähme: mit derselben Behutsamkeit.

Der Zeigefinger führt den Bogen, sein Gelenk muß also besonders beweglich sein (27). Dem Zeigefinger gegenüber liegt der Daumen, der den Bogen dreht. Der Ringfinger hat eine Doppelfunktion: Er hält den Bogen bis zu einem gewissen Grad im Gleichgewicht, darüber hinaus führt und dreht er ihn. Auf der Abbildung ist er in Ruhestellung, direkt am Frosch. Der kleine Finger ist natürlich hauptsächlich für die Balance des Bogens verantwortlich.

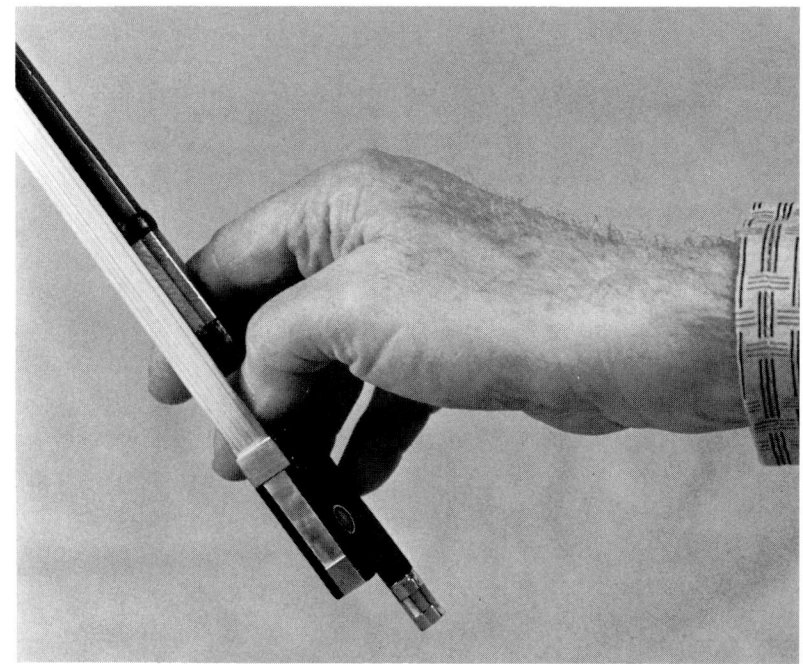

Abbildung 28

Der Daumen ist die Drehachse, auf die sich alle anderen Finger beziehen (28). Er steht in unmittelbarer Verbindung mit ihnen – sie sind gleichsam Energiezentren, die in entgegengesetzter oder in gleicher Richtung wirken.

Kräftigungsübungen

Nehmen Sie den Bogen und halten Sie mit der anderen Hand die Stange ungefähr in der Mitte fest. Schieben Sie jetzt den Bogen gegen den Widerstand Ihres Griffs (29).

Abbildung 29

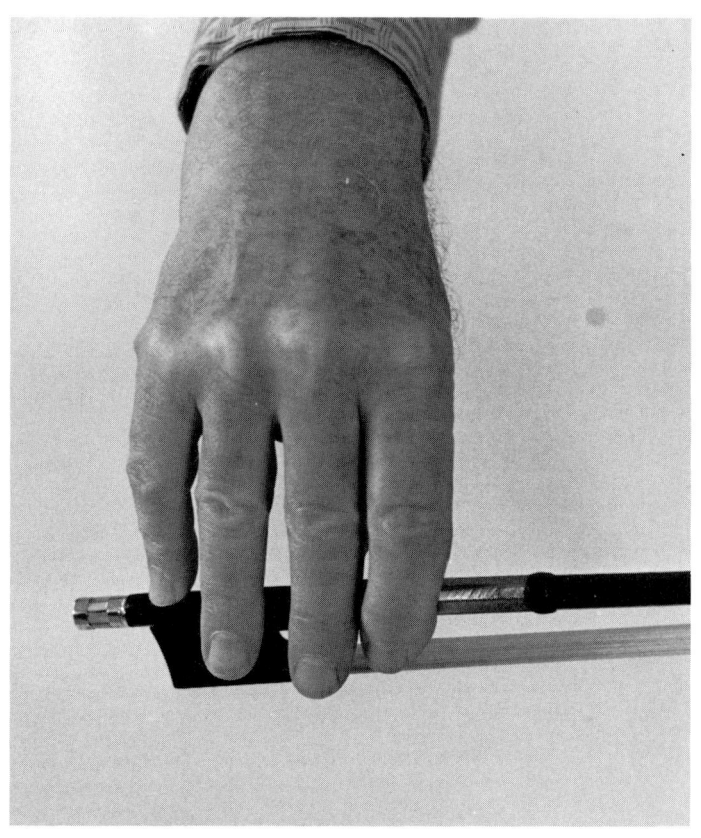

Abbildung 30

Eine nützliche Übung besteht darin, den Bogen mit ausgestreckten Fingern hin und her zu drehen (30). Dann drehen Sie ihn mit gekrümmten Fingern (31). Ellbogen- und Handgelenk bewegen sich dabei mit. Es gibt keine einzige Bewegung, die man unabhängig nen-

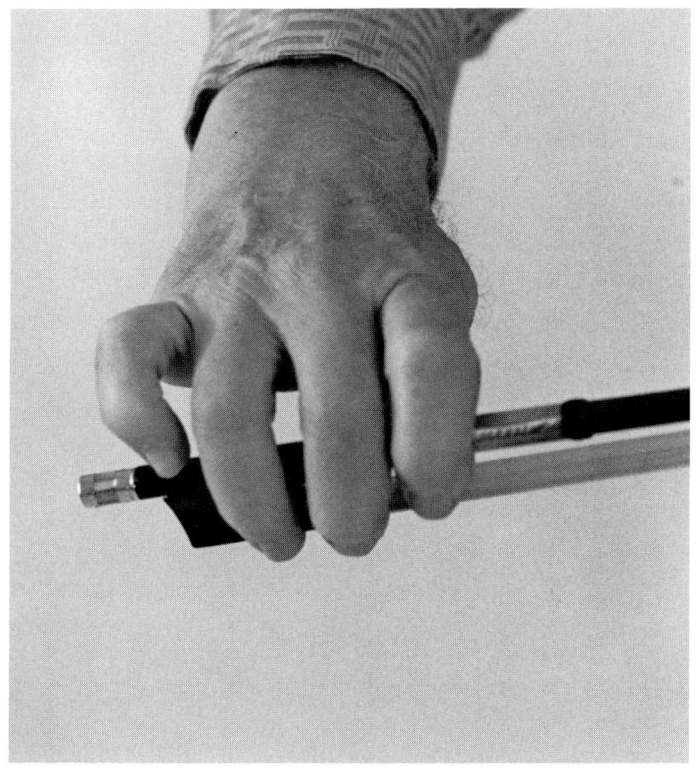

Abbildung 31

nen könnte: Nichts bleibt beim Geigenspiel isoliert, alles hängt miteinander zusammen.

Beschreiben Sie mit dem Bogen Kreise in der Luft. Das läßt sich vom Handgelenk aus machen oder vom Arm, oder aber mit Handgelenk, Arm und Schulter zusammen.

Den Bogen aus der Horizontalen allein mit dem kleinen Finger, dem Balancefinger, nach oben drücken.

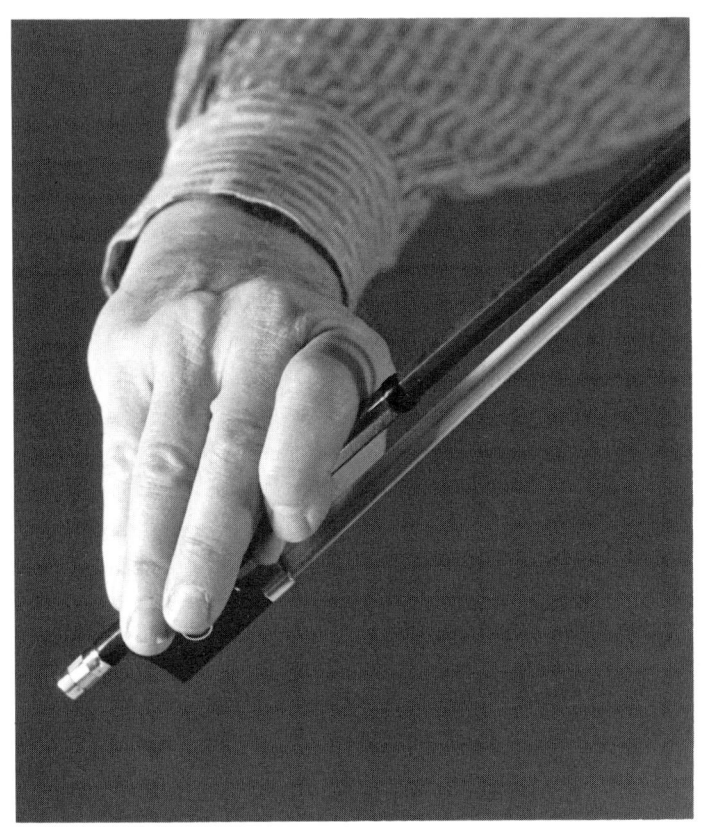

Abbildung 32

Schub und Zug

Man beobachte die Schrägstellung der Hand beim
Schub, beim Aufstrich, indem man die Bogenspitze mit
der anderen Hand festhält (32). Die Fingerstellung verändert sich je nach Richtung und Kraft des Striches.
Man beachte sie gegen Ende des Abstrichs (33).

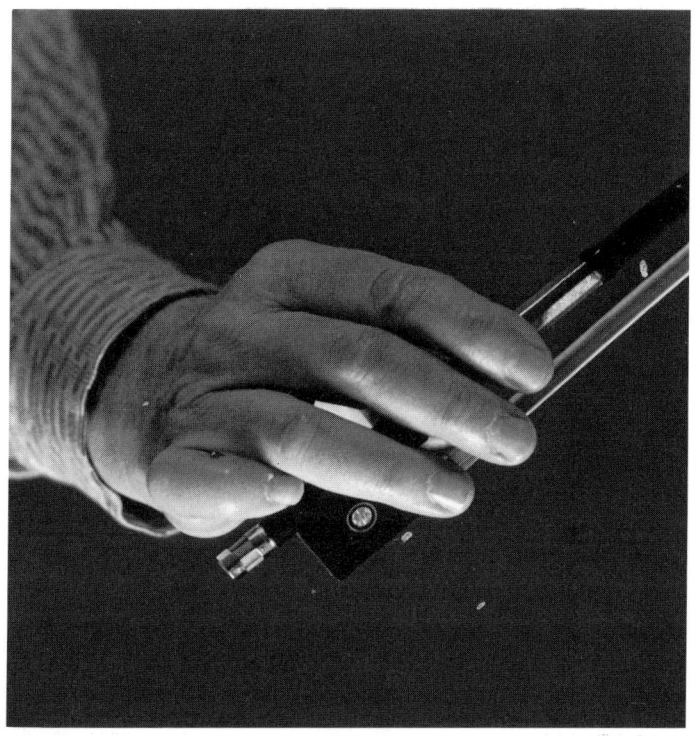

Abbildung 33

Auf- und Abstrich sollten mit ganz natürlich gebogenen Fingern vor sich gehen. Der Abstrich gibt der Schwerkraft nach und verlängert die Strecke zwischen Rückgrat und Fingerspitzen.

Der Aufstrich ist ebenfalls ein Nachgeben – probieren Sie's selbst. Gegen Mitte des Aufstrichs spürt man eine gewisse Rundung im Rücken, so als ob man etwas umarmen wollte oder als ob man auf ein Luftkissen fiele. Das wird besonders deutlich, wenn man beim Aufstrich ausatmet.

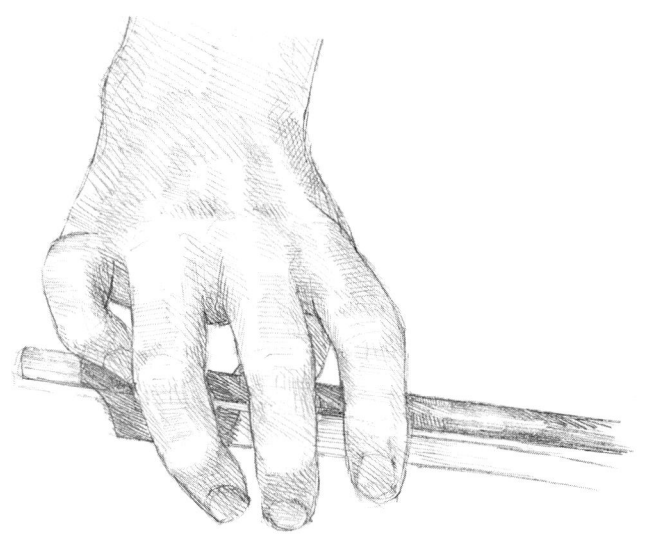

Der fahrende Spielmann

Der Hausrat des Landstreichers

Der Frack ist natürlich ein *Muß*. Er gehört einfach zum Konzert, ohne ihn geht es nicht; hat man ihn vergessen, muß er nachgeschickt werden, und sei es durch die halbe Welt. Der ausübende Musiker ist ohne Frack genau wie ohne Instrument ein halber Mensch. Aber nach dem Konzert ist der Frack zerknautscht und pitschnaß – bei kaltem Wetter wäre es unklug, dann ins Freie zu treten. Ich habe deshalb immer einen großen Koffer voll Sachen zum Umziehen dabei, die mit Überlegung zusammengestellt sind. Ein wollenes Unterhemd für sehr kaltes Wetter, eins aus Baumwolle für etwas mildere Temperaturen und einen schwarzen Rollkragenpullover, den ich mit einer schwarzen Strickjacke kombinieren kann. Auf diese Weise gelingt es mir, immer ganz akzeptabel auszusehen. Muß ich nach dem Konzert noch irgendwo hingehen, zu einer Party oder einem Empfang, bin ich ausgerüstet. Mein Koffer enthält zudem eine Thermosflasche mit Kräuter- oder Ginsengtee, oder ich habe mein Molat dabei, ein vorzügliches Pulverprodukt, Malzpulver, das alle natürlichen Ingredienzien enthält, die guttun und stärken.

Probenkleidung bereitet ähnliche Schwierigkeiten. Ich bevorzuge ein einfaches, hochgeschlossenes Sporthemd, das keine Krawatte braucht und das man über der Hose trägt. Bei der Arbeit sollte man nicht mit Krawattenbinden und Krawattenabnehmen belästigt werden. Schuhwerk ist für den übenden und ausübenden Geiger ein wichtiger Punkt. Die erste Regel lautet: Sie müssen bequem sein. Geiger stehen den größten Teil der Zeit. Es ist erstaunlich, wie viele Musiker das übersehen. Ich empfehle flache Schuhe, die dem Fuß Halt geben. Es gibt deutsche Sandalen, die ganz biegsam sind und auf denen man stundenlang ohne jede Ermüdung stehen kann. Zum Laufen sind sie zwar weniger geeignet – aber der Geiger legt beim Üben schließlich keine längeren Strecken zurück.

Drinks und Drogen

Man kann den ausübenden Musiker gar nicht eindringlich genug vor Drinks und Drogen warnen – überhaupt vor allem, was einem die Illusion der Sicherheit vermittelt. Diese falschen Tröster haben schon manchen großen Künstler außer Gefecht gesetzt. Ich muß immer daran denken, was der Pförtner in »Macbeth« über das Trinken sagt: »Es befördert das Verlangen und dämpft das Tun.« Diesen weisen Ausspruch lege ich allen Geigern ans Herz.

Die Geheimnisse des Geigenkastens

Nagelschere, Saiten, Kolophonium, Dämpfer (leichte und schwere), Schere, Zange, Papiertaschentücher, weiche Tücher, Alkohol oder Metallwolle für das Griffbrett (ein Tuch unterlegen, damit die Metallpartikelchen nicht auf die Geige fallen), Ersatzkamm, Bleistifte, Familienfotos, wichtige Briefe und Glücksbringer.

Über Kritiker und ihren Nutzen

Ich finde es ganz wichtig, daß man Kritikern gegenüber eine wohlwollende oder vielleicht sogar dankbare Haltung einnimmt. Wenn es auch schwerfällt, sollte man es ganz besonders dann tun, wenn sie nörgelig sind. Selbst in den schlechtesten Kritiken verbirgt sich zuweilen ein Körnchen Wahrheit, wenn es vielleicht auch nicht dort liegt, wo es der Rezensent vermutete. Ich habe die

Erfahrung gemacht, daß die Kritiker in schlechten Besprechungen gewöhnlich von falschen Voraussetzungen ausgehen, selbst wenn die Kritik nicht ganz unzutreffend ist. Auf jeden Fall ist es lohnender, sich mit der eigenen Arbeit kritisch auseinanderzusetzen, als etwa den armen Kritiker zu schelten; das wäre pure Zeitverschwendung. Fühlt man sich ungerecht beurteilt, sollte man sich lieber auf dem Podium rächen, indem man alles daransetzt, die Unterstellungen Lügen zu strafen. Natürlich genießt man es, gelobt zu werden; es ist sogar ein ausgesprochener Hochgenuß. Aber auch Lob sollte man nicht für bare Münze nehmen. Kritiken, ob gut oder schlecht, sind immer nur so weit nützlich, als man etwas aus ihnen lernen kann.

Die idealen Ferien

Ein Erholungsurlaub soll die Unausgeglichenheiten des regulären Lebens auffangen. Niemand wird ernsthaft behaupten wollen, ein Leben in der Großstadt, ein ständiges Reiseleben oder ein Leben als ausübender Musiker sei etwa ausgeglichen. Es kann von einer geradezu katastrophalen Regelmäßigkeit sein, wie etwa das eines Drogenabhängigen, oder ausgeglichen wie das eines Trapezkünstlers.

Völlige Ausgeglichenheit setzt viel zu viele Bedingungen voraus, die gleichzeitig erfüllt sein müßten, und wäre vermutlich so langweilig, daß sie einen zum Wahnsinn treiben würde. (Man stelle sich das Leben ausgeglichen wie eine Waage vor!)

Doch eine aktive Bilanz von Tun und Nichttun

mehrerer Monate mit einigem Gewinn, eine Bilanz, bei der sich Erinnerungen, Gewohnheiten und Anregungen zum großen Teil ausgleichen, so daß sich eine gewisse innere Gemütsruhe einstellen kann – das ist etwas ganz anderes!

Streß und Überbelastung verlangen nach Frieden und Ruhe und einem ungebundenen Leben. Einem ständigen Verzicht auf Familienleben muß man entgegenwirken, indem man sich Zeit für seine Angehörigen nimmt, frei von allen Verpflichtungen und Sorgen. Man muß dem Körper sein Recht gönnen, die Haut sehnt sich nach Salzwasser, Sonne, Luft, sogar Regen, und man muß wieder einmal in den Schoß der Natur zurückkehren, zu Büschen, Bäumen, Blumen und Früchten. Es tut gut zu wandern, zu sitzen, barfuß auf der bloßen Erde zu gehen, die kühle Abendluft zu spüren, während man die Sonne über dem Meer und den Inseln untergehen sieht; die Abermillionen von Sternen zu beobachten, die nicht durch elektrisches Licht und Luftverschmutzung verdunkelt werden; den Morgenstern bei Sonnenaufgang zu begrüßen und das Verlangen nach Schlaf zu stillen, bis die Frühstückszeit sich wieder von den Mittags- auf die Morgenstunden einpendelt.

In Mykonos machen mir die ganz einfachen Dinge Spaß – Diana das Frühstück bringen, einkaufen gehen: frisches Obst, Brot, Gemüse, Joghurt, Olivenöl und gelegentlich eine kleine Überraschung wie Keramik oder Lavendelpflänzchen. Der ideale Urlaub versetzt mich in eine ganz andere Kultur mit anderer Sprache und anderen Sitten, mit Menschen, die anders sind als die, mit denen man täglich zu tun hat, die in den seltensten Fällen wissen, daß ich Geiger bin.

Ich laufe gern, schwimme, lese und mache Ausflüge an den Strand oder zu einem Lunch – und vor allem: kein Telefon! Ich muß allerdings gestehen, daß ich mich nicht völlig von der Welt abnabeln kann und täglich die Londoner *Times* lese; ich kann es nicht lassen, schnell einen Leserbrief zu entwerfen, auch wenn er vielleicht nie gedruckt wird.

Nach den ersten acht oder zehn Tagen macht mir die ruhige, tägliche Arbeit mit der Geige wieder Spaß. Ich übe meist von fünf Uhr nachmittags bis zur Dämmerung oder zum Sonnenuntergang, eine oder zwei Stunden, während ich vorbei an hohen Zypressen und einer vielfältigen Pflanzenwelt – Feigen, Kakteen, Granatäpfel, Wein, Quitten oder Bambus – bis aufs Ägäische Meer und nach Delos im Westen schaue; fast so wie ich als Kind in San Francisco den Pazifik betrachtete.

Wunderbare Dinge ereignen sich. Eine vollkommene Nähe, ein Vertrautsein, eine Beziehung zwischen zwei Menschen, die tagaus, tagein zusammen sind, mit vielen Anregungen und Ablenkungen, darunter keine, die uns trennt.

Da man sich nur noch in natürlichen Elementen bewegt – Luft, Wasser, Sonne, Felsen, Erde und Hitze –, werden die Beine kräftiger, die Haltung besser, die Muskulatur in Füßen, Zehen, Brust und Rücken gewinnt frische Spannkraft. Ein neues, höheres Arbeitsniveau mit klarerem Konzept und besserer Ausführung ist der Lohn einer geruhsamen Erkundungsreise mit Geige und Bogen.

Abbildung 34

Übungen: 5

Die Geige ansetzen

Die Geige bequem auf die Schulter legen, an den Hals schieben und ganz leicht schräg nach oben halten (35). Jetzt den Kopf drehen und anheben, um die Geige in die Spielposition zu bringen. Vorsichtig das Kinn auf die Geige legen (36). Die Geige ruht jetzt auf dem Schlüsselbein; das Kinn hält sie fest, aber ohne unnötigen Druck. Es sollte die Geige nie einklemmen. Kontrollie-

Abbildung 35

134

Abbildung 36

Abbildung 37

ren Sie, ob sie fest genug und trotzdem locker gehalten wird, indem Sie sie unter dem Kinn leicht drehen. Von hinten gesehen (37) zeigt sich, daß zwischen Schulter und Geigenboden Zwischenraum ist.

Wenn man die Geige nur mit dem Kinn hält, zeigt sie nach unten (38). Sie sollte nicht parallel zum Boden liegen – sonst verwendet man zuviel Kinndruck. Vorsichtig loslassen und beobachten, was geschieht.

Der Ellbogen als Drehpunkt

Man merkt es in der Schulter, wenn der Arm sich im Ellbogen dreht. Wenn sich die Hand zum Körper hin bewegt, kommt ihr die Schulter entgegen. Bewegt sich die Hand vom Körper fort, fällt auch die Schulter zurück.

Probieren Sie's selbst aus. Den Arm locker ausstrekken: Fühlen Sie das Gewicht in der Schulter. Jetzt den Arm beugen (39). Die Schulter bewegt sich zur Hand hin. Beim Übergang von einer Lage in die andere bewegt sich alles über das Ellbogengelenk. Es kommt darauf an, daß man erkennt, was alles bei der Bewegung beteiligt ist.

Jetzt dieselbe Übung mit der Violine. Wenn die Hand in der ersten Lage ist (40), darauf achten, daß die Geige leicht angehoben und der Arm fast ausgestreckt ist. In eine hohe Lage wechseln (41). Da die Geige schräg nach oben zeigt, fällt der Arm etwas nach unten. Spüren Sie die Bewegung der Schulter unter der Geige? Wichtig ist zu erkennen, daß wir von oben nach unten spielen: Bewegt man die Hand von tiefen zu hohen

Abbildung 38   137

Abbildung 40

Abbildung 41

Abbildung 39   139

Lagen, hat man das Gefühl, daß die Hand fällt oder nach unten gezogen wird. Wir arbeiten mit der Schwerkraft, nicht gegen sie.

Die Geige drehen

Diese Übung bewirkt zweierlei: zum einen, daß man die beste Position für den Daumen findet, und zum anderen, daß das Kinn nicht zuviel Druck auf das Instrument ausübt. Entwickelt werden soll die Beweglichkeit des Daumens, seine Fähigkeit, die Geige zu drehen. Da Voraussetzung dafür ist, daß sie vom Kinn nicht zu fest gehalten wird, erfüllt die Übung beide Zwecke.

Die Geige zwischen Daumen und jedem der anderen Finger in wiegender Bewegung hin und her drehen (42). Auf den Daumen in seiner Stützfunktion achten – die Geige ruht auf dem letzten Daumenglied. Viele Geiger halten den Daumen zu hoch und bringen sich damit um den Nutzen dieses Gliedes.

Jetzt den Geigenhals zwischen Daumen und Zeigefinger nehmen und ihn vorsichtigt drehen, wobei das Kinn nicht auf dem Kinnhalter liegt.

Ein weiterer Fehler ist, den Daumen über das Griffbrett hinausragen zu lassen und dabei die Hand zu verkrampfen. Das lähmt den Zeigefinger. Die richtige Position des Daumens vor der Drehung sieht man in Abbildung 43. Der zweite Finger ruht hier auf der G-Saite; doch sollte diese Übung mit allen Fingern nacheinander in allen Lagen und auf allen Saiten durchgeführt werden.

Abbildung 42

Abbildung 43

Betrachtungen

Über die Geschichte

Die Geschichte der Menschheit erscheint wie das Proto-
koll einer schwer heilbaren Blindheit, die durch Vorurteil, Aberglaube und Trägheit verursacht wird und nur
widerstrebend einer endgültigen Hellsichtigkeit weicht.
Und wenn wir tatsächlich in den Genuß einer wahren

»Aufklärung« kommen (die vielleicht nur die Illusion des Fortschritts ist), dann verschwenden wir viel Energie bei der Abrechnung mit jenen, die unser Handeln nicht begreifen konnten oder scheinbar unserem Erkenntnisdrang im Wege standen. Das mag ein Grund sein für das Scheitern von Revolutionen. Das Hochgefühl, endlich eine Aufklärung erreicht, einen Fortschritt erzielt zu haben, wird aufgezehrt durch den Entzug von Energie, die es braucht, um mittels der Guillotine die Fehler der anderen zu korrigieren, die entweder nicht mitgezogen haben oder dabei ertappt wurden, wie sie den Fortschritt vereiteln wollten. Zu guter Letzt sind die Revolutionsführer wieder am Ausgangspunkt angelangt, wenn nicht noch weiter davor.

Über Liebhaber

Der Gedanke, kein Liebhaber zu sein, wäre mir höchst widerwärtig. Ein Liebhaber ist jemand, der seine Tätigkeit liebt. Oftmals hege ich die Befürchtung, daß die Berufsmusiker ihre Arbeit hassen. Deshalb möchte ich lieber ein Liebhaber sein. Und ich würde es zu gern erleben, daß es wieder eine Gesellschaft gäbe, in der – wie im alten Wien – jedermann musizierte.

Über Lärm

Wir leben in einer Zeit, in der jedes Bedürfnis mißbraucht, ausgebeutet oder kommerzialisiert wird, und inzwischen gibt es sogar Musik, die ihrem eigentlichen Inhalt entfremdet ist – Musik, dazu gedacht, unsere Wachsamkeit, unseren Widerstand gegen den Kaufzwang in einem Geschäft zu schwächen; Musik, die produziert wird, um uns einzulullen und zu entmündigen. Was noch schlimmer ist: Sie wird zunehmend lauter, und unser Gehör schützt sich durch Taubheit. So wie Hände bei schwerer Arbeit Schwielen bekommen, setzen wir Taubheit als einzige Verteidigungswaffe gegen die erbarmungslos steigenden Dezibel unserer bedrohlich lärmenden Umwelt ein.

Der Stil und der Geiger

Vielleicht haben die Engländer von allen Nationen das beste Stilgefühl, weil sie ganz überzeugend jedwede Musik von Purcell bis Elgar spielen können. Sie spielen Romantiker, Klassiker und Vorklassiker; sie spielen Monteverdi, und jeweils scheinen sie auf der richtigen Spur zu sein. Stil ist eigentlich eine heikle Sache. Wann hat man ihn? Und wann nicht? Es ist fast wie mit Kleidung. Das geschulte Auge erkennt sofort, welche Schuhe zu welchem Anzug passen oder welche Farben miteinander harmonieren. In Stilfragen verrät sich der blutige Anfänger. Das gilt für das Geigenspiel wie für alles andere. Bei der Geige geht es um die Phrasierung, die Stärke des Vibratos – es kommt darauf an, daß man mit aller Vorsicht zu Werke geht und jede Nuancierung der Tonstärke beherrscht. Es ist eine Frage der Zurückhaltung und selbstverständlich der völligen Hingabe. Man muß wissen, wann man was zu tun hat, genau die richtige Betonung setzen, eine Phrase rhythmisch gestalten und das herausbringen, was in der Musik enthalten ist, ohne etwas hineinzulegen, etwas allzu Grandioses, Pompöses oder einen aufgesetzten Charme. Es geht ganz einfach darum, das wahre Wesen der Musik zu erkennen, zu spüren und ihm zu dienen.

Lampenfieber

Nervosität, Panik vor dem Auftritt, Angst auf dem Podium, ein Gefühl der Lähmung – das sind ganz übliche Erscheinungen, die ich alle durchgemacht habe. Aber man sollte dabei wissen, daß solche Anwandlungen nur Symptome sind. Die eigentlichen Ursachen liegen weit zurück, weit vor dem schließlichen Auftreten von Lampenfieber. Nennen ließen sich technische, emotionale und psychologische Gründe, die sich wiederum zurückführen lassen auf ungenügende Vorbereitung, Angst vor Gedächtnisstörungen oder gewisse Reizzustände, unter denen manche Künstler leiden, nervöse Allergien zum Beispiel, oder auch auf bestimmte Situationen, die sie aus dem Gleichgewicht bringen. Psychologische Gründe ergeben sich unter anderem aus dem Wunsch, bei einer besonderen Gelegenheit sein Bestes zu geben, und aus der unterschwelligen Angst, gerade dann nicht zu schaffen, was man eigentlich können müßte. Diese Angst ist zwar hartnäckig, aber förderlich, weil sie dem Künstler den Auftrieb gibt, das Menschenmögliche zu tun, um zu verhindern, daß er sich selbst und sein Publikum enttäuscht.
Betrachten wir die zugrundeliegenden Ursachen ge-

nauer. Das technische Problem nehmen wir uns tunlicherweise als erstes vor. Geiger und bestimmt auch viele Menschen aus anderen Berufszweigen kennen das: Bei irgendwelchen Anlässen – beim Konzertieren angesichts einer erwartungsvollen Menschenmenge, ja sogar wenn man allein ist und sich selbst gegenüber bestimmte Erwartungen erfüllen muß – überfällt einen urplötzlich das gräßliche lähmende Gefühl, der Situation nicht gewachsen zu sein. Ich habe dieses Gefühl oftmals durchgemacht, und die Bewältigung bestimmter technischer Probleme hat mich Jahre gekostet. Andere ließen sich an einem Tage bewältigen und machten am nächsten Tag wieder Schwierigkeiten oder erwiesen sich als unlösbar. Aber schmerzliche Erfahrungen haben mich gelehrt, daß man nicht aufgeben darf, wenn sich ein Problem jemals – und sei es auch nur ein einziges Mal – lösen ließ. Denn jetzt geht es nur mehr darum, die Lösungsmöglichkeit fest in den Griff zu bekommen. Das verlangt unter Umständen jahrelange Kleinarbeit, aber was man einmal fertiggebracht hat, kann man stets wiederholen.

Das Vertrauen in die Arbeit, das man über längere Zeiträume hinweg aufrechterhält, ist eines der wichtigsten Dinge zur Lösung von Schwierigkeiten. Es gibt, glaube ich, ein chinesisches Sprichwort, das besagt, die Gewohnheit beginne wie ein Spinnwebfaden und ende als Stahlkabel. Diese erste, kaum greifbare, verheißungsvolle Empfindung nimmt den Schwierigkeiten ihren Schrecken. Voraussetzung ist ein intuitives Unterscheidungsvermögen, das Wissen darum, was richtig und was falsch ist. Und woran erkennt man das, wenn man ein Musikstück vorbereitet? Das Richtige ist immer leichter, eleganter, in sich harmonisch. Das ist ein ganz einfacher Maßstab – wenn es auch zuweilen eine harte Geduldsprobe ist, bis man die Mühelosigkeit erreicht, die eine gute Technik verrät. Der vollkommene Jongleur verrichtet sein Handwerk spielend. Es sieht nicht nur so aus – die offensichtliche Leichtigkeit ist keineswegs irreführend. Natürlich hat es ihn viel Mühe gekostet, diese Fertigkeit zu erwerben; aber ihr alleiniges Ziel ist, daß alles ohne Anstrengung vonstatten geht.

Der Geiger, der sich auf einen technischen Schwachpunkt konzentriert, kann erkennen, wann eine Bewegung glatter verläuft, und er wird dahinterkommen, woran das liegt. Daran nämlich, daß Musiker und Musik in einem gleichmäßigen Bewegungsfluß von Körper, Geist, Willen und Phantasie koordiniert sind, in dem alles richtig und stetig abläuft. Kein Hemmnis darf sich dazwischenschieben – wenn auch nur ein Gelenk den Ablauf stört, fließt die Bewegung nicht bis in die Finger und ebensowenig von den Fingern zurück zum kontrollierenden Geist; diese Rückkopplung ist aber wesentlich. Das sieht man ganz deutlich bei Menschen mit einem steifen Knie oder einem sogenannten Tennisarm: Die Bewegung kann durch das Gelenk nicht glatt durchfließen. Deshalb müssen wir in jeder Phase unseres täglichen Übens die Wahl treffen zwischen dem Besseren und dem Schlechteren. Wir trachten nach einem glatten, rhythmisch ungestörten Bewegungsfluß. Beim Spielen oder Üben braucht man eine Vorstellung von der idealen Haltung des Bogens, der Geige und des Körpers; eine Vorstellung von der idealen Bewegung, der perfekten Ellipse, des vollkommenen Kreises oder was immer wir gerade suchen. Wenn wir dieses Bild vor unserem inneren Auge haben, wird es schließlich in unseren Bewegungen sichtbar werden.

Emotionale Spannungen auf dem Podium lassen sich schwerer in den Griff bekommen. Ich habe Situationen erlebt, in denen ich mir Sorgen machte um Gesundheit und Sicherheit meiner Frau oder meiner Kinder, weil ich vergebens auf den Telefonanruf gewartet hatte, der mir bestätigen sollte, daß sie an einem bestimmten Ort heil angekommen waren. Ich befand mich dann in einem Zustand größter Unruhe und konnte mich nicht konzentrieren. Trotzdem habe ich das Konzert gespielt, aber meine Empfindungen waren ganz woanders. Natürlich gibt es auch die angenehmen Gefühle, die beim Spielen beflügeln – wenn man als junger Mensch zum erstenmal verliebt ist und so spielen möchte, daß sich die innigsten Empfindungen übertragen, wenn man soviel Liebe wie irgend möglich ausdrücken möchte.

Manche Künstler sind so sehr eins mit ihrer Musik, daß alle Emotionen allein aus dem Werk kommen und nicht von äußeren Reizen. Das kommt vor, wenn man allein spielt oder wenn man Noten liest. Der ausübende Künstler muß das, was er in einer Komposition erkennt, das Idealbild der Partitur, in Klang umsetzen. Eine Kette von Höhepunkten durchzieht die Aufführung, wenn alles reibungslos abläuft, wenn die Interpretation ihren Eigenwert entfaltet und die Phantasie sich an den eigenen Möglichkeiten entzündet. Es ist ein Kreislauf, in sich wunderschön und Schönes bewirkend.

Gefühle sind das Herzblut der Musik und die

Lebensader aller Kommunikation, besonders wenn Worte fehlen. Es sind die Tonqualität, die Nuancierung und die jeweilige Phrasierung, die eine Tonfolge lebendig und eine andere hölzern klingen lassen.

Die psychologischen Gründe für nervöse Verspannungen liegen im Temperament des betreffenden Künstlers, in seinem angeborenen Unbehagen gegenüber bestimmten Situationen; im Gefühl des Verlorenseins auf dem Podium; in zuweilen falschen Vorstellungen von dem, was man von ihm erwartet; in der großen (oft unangebrachten) Angst, daß der Saal nicht günstig sei, die Akustik schlecht oder Kritiker im Publikum sitzen – alles Dinge, die in Wirklichkeit unerheblich sind für die bevorstehende Aufgabe, für den Beruf.

Zweifellos kann das übermächtige Verlangen nach Erfolg die Darbietung beeinträchtigen. Der Interpret muß sich mit Leib und Seele für das Werk einsetzen – aber er darf sich nicht aufgeben, sich allein von Ehrgeiz oder Angst beherrschen lassen. Das ginge zu weit, weil man dadurch gerade das zerstören würde, was man erreichen will. Wir alle brauchen Anreize, Abwechslung und Kontraste, und für mich heißt Kontrast die bunteste Vielfalt an Klangfarben, die breiteste musikalische Palette. Sobald man das Gegenteil kennt, weiß man genauer, was man will. Wenn ich mich oft mit technischen Unzulänglichkeiten abmühen mußte, weiß ich wenigstens, was ich nicht will. Vielleicht ist man manchmal ehrlich davon überzeugt, daß es diesmal die beste Interpretation der Welt wird. Möglicherweise hat man recht – dann möchte man die Vollkommenheit einer solchen Interpretation immer wieder erlangen. Natürlich geht das nicht. Glücklich der Künstler, dem es einmal alle zehn oder sogar alle fünf Konzerte vergönnt ist. Bei genügender Vorbereitung gelingt es auf einer Tournee möglicherweise auch jedes zweitemal, wenn man fünf oder sechs sehr gute Konzerte hintereinander gibt. Aber man muß sich auch gegen Enttäuschungen wappnen und das innere und äußere Gleichgewicht bewahren. Jeder Künstler hat ab und an seinen schlechten Tag – doch aus Schaden wird man klug.

Ich erinnere mich, wie ich einmal in Mailand schlecht spielte. Es war am Anfang unserer Ehe. Diana, meine Frau, fühlte sich elend; wir hatten eine schlimme Reise bei glühender Hitze in einem überfüllten italienischen Zug hinter uns, alles um uns herum hatte Salami gegessen, und an den Grenzübergängen gab es damals noch lange Aufenthalte. Um vier Uhr nachmittags endlich kamen wir in Mailand an. Wir wollten uns bis zur Aufführung noch ein paar Stunden ausruhen; doch da läutete das Telefon, und der Veranstalter ließ uns wissen, das Konzert beginne bereits um fünf Uhr. Da war nichts zu machen – wir warfen uns in unsere Kleider und wurden in diesen stickigen Untergrundsaal verfrachtet. Ich spielte Paganini, so miserabel, daß ich nur noch die verschwommensten Erinnerungen an das Konzert habe.

Natürlich verschwanden wir hinterher so schnell wie möglich. Kein ehrlicher Mensch hätte ins Künstlerzimmer kommen und wirklich behaupten können, es sei außerordentlich gut gewesen oder ähnliches. Glücklicherweise erhielt ich trotzdem mein Honorar. Damals (und in Italien noch heute) zahlte man mit Bargeld. Man bekam riesige Umschläge, prall gefüllt mit Lirascheinen – man brauchte dafür tatsächlich einen kleinen Koffer.

Ein Honorar anzunehmen ist mir nie schwergefallen, aber nach diesem Desaster war ich mir nicht so sicher, ob ich das Geld verdient hatte. Doch meine bessere Hälfte bestand darauf, daß ich es annehmen müsse. Schließlich hatte das Publikum bezahlt, und so bestand kein Anlaß, jemand anders den Löwenanteil zukommen zu lassen. Und überdies: Ich hatte einiges ausgestanden. Ich bin überhaupt der Meinung, der Künstler, der leidet, hat erst recht Anspruch auf sein Honorar. Wenn man schlecht gespielt und wirklich Höllenqualen ausgestanden hat, verdient man eine Entschädigung. Wenn man dagegen ein Konzert genossen hat, wenn man einen Triumph feiern durfte, steht einem das Honorar viel weniger zu. Mit dieser Rechtfertigung vor mir selbst sackte ich das Geld ein, eilte mit meiner geliebten Diana zurück ins Hotel und erkundigte mich beim Empfang, ob es noch einen Zug nach Venedig gebe. Es gab einen, wir nahmen ihn und flohen in die Nacht.

Ein Musiker, besonders ein Solist, lebt von seinem Gedächtnis. Die Angst vor dessen plötzlichem Versagen ist wohl einer der Hauptgründe für übersteigerte Nervosität auf dem Podium. Ich kann nur sagen, daß jedermann an Gedächtnisstörungen leidet. Mir ist es auch passiert, sowohl bei Stücken, die ich mir in kürzester Zeit eingetrichtert hatte, als auch bei solchen, die ich schon jahrelang im Repertoire hatte und für risikolos hielt. Urplötzlich merkt man dann, daß man es doch nicht richtig kennt; oder daß man es gar nicht richtig kennen kann, weil man es nicht gründlich erarbeitet oder nicht oft genug durchdacht hat. Man kommt dann beim Spielen in die Situation, daß man vorausdenkt und sich ängstlich fragt: Wie geht es eigentlich im nächsten

Takt weiter? Kenne ich die Töne, die ich gleich spielen muß? Das reizt die Nervosität zur Genüge.

So unzuverlässig das Gedächtnis auch sein kann – auf der anderen Seite ist es ein wahrer Segen. Als Musiker ist man anderen gegenüber dadurch im Vorteil, daß man sich geistig betätigen kann, wo andere das nicht können; manche meinen vielleicht, man habe nichts im Kopf, weil man nicht spricht. Man kann sich jedoch stundenlang damit beschäftigen, im Kopf Partituren durchzugehen; für mich ist das eine wunderbare Zuflucht und eine stille Art geistigen Trainings – die beste der Welt.

Ein klassisches Beispiel für diese Zuflucht lieferte die Mutter von Antal Dorati; es ist eine der schönsten Geschichten, die ich kenne. Gegen Kriegsende war sie mit anderen Budapester Juden – man hatte sie zur Verfrachtung in ein Konzentrationslager zusammengetrieben – in irgendein heruntergekommenes Haus eingepfercht worden. Glücklicherweise mußten die Deutschen bald kapitulieren, und aus diesem Grund konnten es die Nazis diesmal nicht zum Schlimmsten kommen lassen. Immerhin mußte Frau Dorati einige Tage lang in dieser Unterkunft ausharren. Die mitgefangenen Frauen wurden fast wahnsinnig vor Angst – sie jedoch konnte in dieser Hölle körperlicher und seelischer Todesängste die Fassung bewahren, weil sie Beethovens Streichquartette auswendig kannte. Sie kannte jede Stimme und konnte sie im Geist einzeln durchgehen: die beiden Geigen, die Bratsche und das Cello. Aus dieser konzentrierten Beschäftigung schöpfte sie Kraft und Trost. Sie war mit Musik aufgewachsen, und die Fähigkeit, große Musik im Geist nachzuvollziehen, hielt sie während jener entsetzlichen Tage bei Verstand.

Zu den nervösen Spannungszuständen, die dem Solisten zusetzen können, gehört auch die Erschöpfung, häufiger die körperliche als die geistige. Körperliche Erschöpfungszustände kommen bei jungen Musikern sehr häufig vor, wie ich aus eigener Erfahrung weiß. Kinder brauchen viel Schlaf. Mein Vater war immer um mein Wohl besorgt, wenn wir auf Konzertreisen waren, und er erlaubte nie mehr als ein Konzert in der Woche. Trotzdem erinnere ich mich, daß ich, nicht ganz zwanzigjährig, manchmal zu weniger Schlaf kam, als ein Heranwachsender braucht. Einmal schlief ich bei einem Konzert, das ich mit Kussewizki in Boston gab, im zweiten Satz von Beethovens Violinkonzert im Stehen ein. In anderen Fällen fühlte ich mich schon beim Gedanken an ein Konzert körperlich überfordert; ich weiß noch, daß ich am Ende solcher Veranstaltungen völlig zerschlagen war – um so mehr, als ich damals noch nichts von dem Konditionstraining ahnte, das man braucht, um ein großes Werk für eine öffentliche Darbietung zu erarbeiten. Heute bin ich mir dessen nur allzusehr bewußt.

Jetzt ist mir klar, daß ich damals nicht wußte, wie man sich entspannt. Ich spielte die Geige zwar sehr gut (wie die frühen Aufnahmen beweisen), aber ich wußte nicht, *wie* man sie eigentlich spielen sollte. So war meine Leistung immer ein Willensakt und konnte im Zustand der Erschöpfung nicht immer befriedigend ausfallen. Jüngere Geiger stecken voller Antrieb und Impulsivität, voll romantischer Gefühle – das ist das Vorrecht der Jugend. Aber diese Impulsivität verleitet einen zu Dingen, die nicht unbedingt sehr förderlich für ein Konzert sind. Als ich älter wurde, begann ich mich für Yoga und ähnliches zu interessieren, um ein Gefühl für innere Ruhe zu entwickeln. Jeder Solist findet mit der Zeit Mittel und Wege, sich selbst in den Griff zu bekommen und Energie zu speichern, um nicht unter dem Leistungsdruck zusammenzubrechen.

Übungen: 6

Übungen zum Einspielen

Ein guter Anfang ist, pianissimo zu beginnen und erst, wenn die Finger warm sind, allmählich lauter zu werden. Wenn man in guter Form ist, kann man diese Einspielübungen ungefähr eine halbe Stunde lang machen.

Man versuche zum Beispiel, die Empfindlichkeit der Handgelenke und Finger zu steigern. Um den Kreislauf anzuregen, verstärkt und verringert man abwechselnd den Druck der Finger. Die Fingerkuppen beider Hände sollten im Wechsel rhythmischen Druck auf Griffbrett und Bogen ausüben: Sie werden die Saiten herauf und herunter und in verschiedenen Fingerkombinationen gesetzt, entsprechend auf dem Bogen.

Das eröffnet dem Geiger, wenn er zuvor die Finger als eine feste Einheit aus einem Stück bestehend betrachtet haben sollte, ein ganz neues Empfindungsvermögen und macht ihm den Wert jedes einzelnen Fingers und seines Zusammenspiels mit den anderen Fingern deutlich. Die Fingerkuppen in verschiedenen Kombi-

Abbildung 44

nationen ganz bewußt niederdrücken, diesmal die Spannung einige Sekunden lang halten, dann lockern.

Man bedenke auch, daß jeder Aufstrich mit entspannt gestreckten Fingern und lockerem Handgelenk beginnen sollte. Der Abstrich beginnt mit entspannten, leicht gebogenen Fingern und lockeren Fingergelenken – vor allem in Zeigefinger und Daumen.

Bei diesen Einspielübungen atmen wir rhythmisch und summen beim Ausatmen.

Das Zusammenspiel der verschiedenen Körperteile wird vielleicht am deutlichsten, wenn man die verschiedenen Funktionen von Schlüsselbein und Schultern erkennen lernt. Das Schlüsselbein sollte der Geige als Auflage dienen, das Kinn wird zum Hals hin zurückgenommen und drückt nicht auf das Instrument – die Schultern bleiben locker, um sich der Armbewegung, so beim Lagenwechsel, anpassen zu können.

Eine nützliche Übung zum Einspielen ist es, mit dem Bogen große, weite Kreise in der Luft zu beschreiben, wobei die Länge eines Bogenstrichs über die Saite die Größe des Kreises bestimmt. Ein Kreis im Uhrzeigersinn ist die fortgeführte Bewegung des Aufstrichs, in die Gegenrichtung des Abstrichs. Aber bitte: *große* Kreise. Und den Bogenarm dabei bewegen. Man spürt, wie sich Arme und Brustkasten dehnen, wenn man den Bogen nach unten zieht und kaum die Saiten berührt. Den Bogenarm in Bewegung halten, bis er weit hinter den Rücken reicht. Das weitet die Brust und vermittelt ein anregendes Gefühl, im Gegensatz zu der verkrümmten, verspannten Haltung, die man bei Geigern immer wieder sieht. Diese weiten Bewegungen lassen sich in verschiedenen Rhythmen und Kombinationen üben, auf zwei, drei oder vier Saiten und in verschiedenen Tempi, beginnend mit Auf- oder Abstrich.

Streichen, nicht schaben

Die Frage des Bogenstrichs verlangt eine genaue Analyse; wir müssen die Bewegung in ihre einzelnen Abschnitte zerlegen. Es ist nicht nur eine Aufeinanderfolge aktiver Impulse – der rechte Ellbogen zum Beispiel ist der Drehpunkt, von dem aus Zug und Schub des Bogens beim Ab- und Aufstrich vollzogen werden, und zwar mit mehr oder weniger Druck (das heißt abgesetzt wie bei martelé oder fließend wie bei détaché). Diese Abfolge ist integriert in eine (wenn auch noch so geringe) Bewegung, die den ganzen Körper erfaßt und fließt, je nachdem, ob der ursprüngliche Impuls nun von den Füßen oder vom Kopf ausgeht, über die Taille und Schultern schließlich in die Finger. Es findet aber ebenso ein fließender Entspannungsvorgang statt, der sich in umgekehrter Richtung von den Fingern aus fortsetzt. Zum Beispiel die Aufstrich-Bewegung: die Finger geben nach, und der Ellbogen schiebt; dann gibt das Handgelenk ein wenig nach – es wird vom Unterarm gehoben und läßt dabei die Hand locker fallen. Und nun fließt die Entspannung über Ellbogen und Rücken zurück in die Schulter. Wenn man den Bogen richtig führt, kann man unmöglich »springen« oder Stufen einer solchen Abfolge auslassen.

Es handelt sich dabei um äußerst feine Empfindungen. Immer muß man darauf achten, daß der Nacken entspannt ist und der Atem leicht geht; daß Bogen und Geige im Gleichgewicht gehalten werden, daß der Körper ausbalanciert auf den Füßen steht, nachgiebig, aber reaktionsbereit.

Rhythmisches Drücken beim Bogenstrich

Immer in Übereinstimmung mit Schwerkraft, Schwung, Balance und Gewicht spielen. Alle Bewegungsabläufe erfühlen, nachvollziehen und miteinander verbinden.

Weitergehen zu einzelnen Bogenstrichen: kurz, lang

und martelé. Dann den Bogen mit wechselnder Geschwindigkeit von den Saiten abheben. Spüren, wo die Bewegung ansetzt: Man merkt, daß der Abstrich im Ellbogen beginnen oder auch in den Füßen angesetzt werden kann. Den Bogen in verschiedenen Längen nehmen, in Tempo und Dynamik variieren und natürlich auf verschiedenen Saiten streichen.

Auf die Entspannung von Handgelenk und Fingern achten, wenn der Schwung des Strichs sie mit dem Bogen in Bewegung bringt, passiv in der Vorbereitung auf den nächsten Strich. Beachten, wie sich der Daumen in ganzer Länge festigt, um das zunehmende Gewicht des Arms auf den Bogen aufzufangen. Beachten, wie sich diese Festigung auch auf Hand und Handgelenk überträgt. Beachten, wie sich der Daumen beim Ausstrecken leicht dreht. Das geschieht manchmal, wenn er in die Nähe des Froschs kommt. Bei langen Strichen auch über zwei oder mehr Saiten gehen, in Wellenbewegung; dabei den Akzent abwechselnd auf die tiefere und auf die höhere Saite legen. Die kleinen Anpassungen beachten, die bei Strichwechsel in Haltung und Schwung des rechten Arms vor sich gehen.

Die Beweglichkeit von Bogen und Fingern zu erhalten suchen, auch wenn man Widerstand gegen Druck und Richtung ausüben muß.

Übungen mit Springbogen sind sehr nützlich: ein, zwei, drei, vier oder mehr Sprünge bei jedem Strich, mit allen Bogenabschnitten, in verschiedenen Tempi, auf allen Saiten und in allen dynamischen Abstufungen. Manchmal auch abwechselnd auf zwei Saiten.

Nach meiner Meinung sind solche Übungen ebenso wichtig wie Etüden. Diese sind hervorragend, wenn die

Körpermechanik funktioniert, sinnlos, wenn das nicht der Fall ist. Außerdem muß sich der Geiger nach meinem System ständig auf das konzentrieren, was er tun will, weil er seine Übungen selbst erfindet. Er kann sie nicht blindlings ausführen oder mechanisch nach Noten runterspielen.

Ich weiß sehr wohl, daß ich sehr viel Nachdruck gelegt habe auf Lockerheit und Biegsamkeit von Handgelenk, Ellbogen, Schultern und Nacken – im Grunde des ganzen Körpers. Aber nachdem nun eine Art der Beweglichkeit entwickelt wurde, ist es an der Zeit, den Leser – und mich – daran zu erinnern, daß die vertikale Beweglichkeit des Handgelenks im bogenführenden Arm zwar sehr wichtig ist, daß wir uns aber auch mit den seitlichen, horizontalen Bewegungen der bogenführenden Hand beschäftigen müssen.

Wenn die Finger auf dem Bogen ruhen, drücken Sie sie rhythmisch zusammen. Das läßt das Blut ganz sanft in die Fingerkuppen strömen. Der Druck auf den Bogen wird koordiniert mit dem gleichen Druck der Finger der linken Hand auf die Saiten. Verändert man die Handhaltung am Bogen, ohne die Fingerstellung zu ändern, und führt dabei verschiedene Bogenstriche aus, merkt man, wie die Hand die Richtungsenergien aus Arm und darüberliegenden Körperpartien lediglich formt, umsetzt und gezielt überträgt. Ganz bewußt grenzen wir die vertikale Beweglichkeit des rechten Handgelenks ein und konzentrieren uns auf die seitlich-horizontale Bewegung der Hand und die vielen Kombinationsübungen, die sich daraus ableiten lassen. Das verleiht Kraft, Stabilität und Präzision beim Spiccato und Staccato.

Natürlicherweise ist das Handgelenk bei horizontalen Strichen zwar fest, aber nicht starr. Die Innenseite des Handgelenks und die Daumenwurzel (ein wichtiger Drehpunkt) können den Armschwung aufnehmen.

Ich glaube, einem Geiger ist es möglich, nicht nur fast alle Musikstile zu beherrschen, sondern auch die meisten Stile des Geigenspiels. Manche Geiger sind sehr robust und haben anscheinend »steife« Handgelenke. Andere sind zarter und haben »weiche« Handgelenke. Beiden stehen genügend Möglichkeiten offen – wie auch allem, was dazwischenliegt

Über die innere Einstellung zum Üben

Man muß vor allem daran denken, daß man es bei der Geige mit etwas Lebendigem zu tun hat. Das ist ein Grundprinzip. In gewissem Sinne tun wir selbst nichts weiter, als eine lebendige Kraft weiterzugeben. Wir müssen entspannt sein, mit dem Instrument eins sein. Man denke auch an die grundsätzliche Regel, daß kein Teil des Körpers beim Geigenspiel unbeteiligt bleibt. Jede Aktion löst eine Reaktion aus. Möglicherweise haben bestimmte Körperteile, die weit weg von der Geige liegen – sagen wir, die Zehen oder die Ferse –, nur sehr geringen Anteil an der gesamten Körperbewegung und stehen scheinbar in keiner Beziehung zur Tätigkeit der Finger auf dem Griffbrett. Aber wie klein diese Bewegung auch sein mag – es ist eine Bewegung, und auch die entfernteste Muskelregung trägt dazu bei, den Spieler in Übereinstimmung mit seinem Instrument zu bringen. Ich strebe nach einem Gespür für das organi-

sche Ganze, einer Bereitschaft, sich der Bewegung an-
zuvertrauen – sie zu unterstützen, an sie zu glauben, sie
zu akzeptieren. Ich streife hier ganz bewußt spirituelle
Dinge, weil ich der Überzeugung bin, daß Gefühl,
Geist und Charakter allesamt bei der Suche nach der
vollkommenen Bewegung beteiligt sind, die ich für das
Ziel aller guten Geiger halte. Man muß sich der Bewegung und der Kontinuität der Bewegung anvertrauen –
sich darauf verlassen, daß sie einen tragen wird, wenn
man sich ihr überläßt und nicht widersetzt – unter der
Voraussetzung, daß die Bahnen, durch welche die Bewegungen fließen, durch Übung vervollkommnet sind.

Abbildung 45

Übungen für die Fingerbeweglichkeit

Die Finger müssen sich vom tiefsten Ton, den sie greifen können, bis zum höchsten mit Hilfe des Handgelenks und des Ellbogens, der als Drehpunkt dient, bewegen. Man beginnt mit der ersten Lage und spielt einen beliebigen Ton (45). Wieder darauf achten, daß die Geige nicht parallel zum Fußboden liegt, sondern leicht schräg nach oben zeigt, so daß die Hand abwärts gleitet, wenn sie in höhere Lagen geht.

Jetzt hin und her wechseln zwischen hohen und tiefen Lagen, dabei den Bogen ganz gleichmäßig über die Saiten ziehen (46). Die Bewegung muß fließend und elegant sein.

Abbildung 46

Man tut gut daran, sich klarzumachen, daß die drei Grundbewegungen beim Geigespielen, also Lagenwechsel, Vibrato und Triller, miteinander eng verwandt sind und allesamt von demselben Antrieb erzeugt werden – vom Drehpunkt des Ellbogens. Beim Triller werden die Finger sehr rasch und wiederholt gegen das Griffbrett gedrückt. Bei einem sehr schnellen Triller erinnert die Bewegung an die des Vibrato. Man probiere das aus und entdecke diese Verwandtschaft selbst.

Trillerübungen haben große Ähnlichkeit mit den Übungen zum richtigen Setzen der Finger, und Ähn-

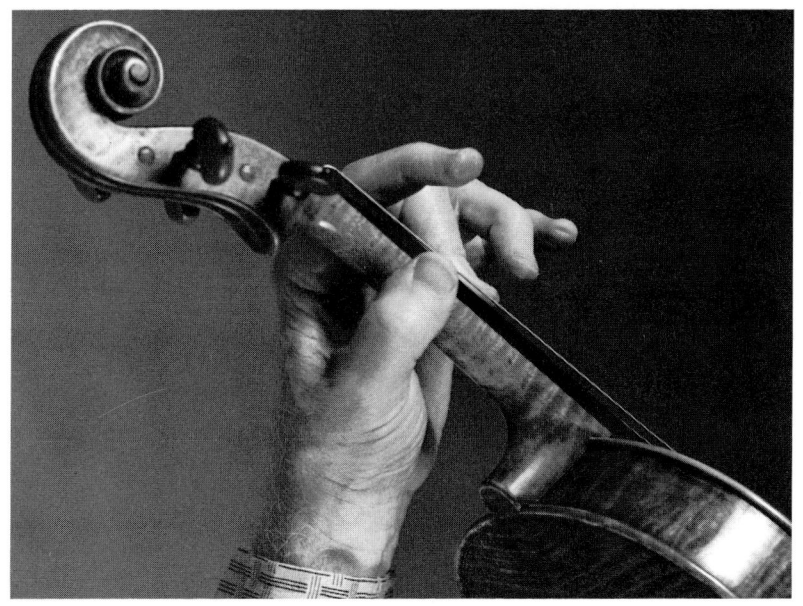

Abbildung 47

Abbildung 48

lichkeit besteht auch zwischen korrekter Fingerbewe-
gung und der Fähigkeit, leicht zwischen den Lagen hin
und her zu wechseln.

Man übe das Heben und Strecken der Finger in den
verschiedensten Positionen – in Abbildung 47 zum
Beispiel liegen sich Daumen und Mittelfinger direkt
gegenüber. Wenn Finger und Ellbogen in eine hohe
Lage gehen, müssen die Finger weit ausgreifen und sich
strecken (48). Selbstverständlich muß jeder Finger sich

Abbildung 49

sowohl unabhängig von den anderen als auch mit ihnen
zusammen dehnen lassen.

Die Finger heben. Das sollte eine bewußt erlebte
Öffnungsbewegung sein, bei der alle beteiligten Muskeln höchst aktiv sind. Ein natürlicher Instinkt des
Menschen ist es, nach Dingen zu greifen und sie festzu-
halten. Das bedingt jedoch Anspannung, die ihrerseits
die Muskeln verkürzt und so zu einem Verlust an
Beweglichkeit führt, zu einer Zurückhaltung, einer

165

Angst – was sich wiederum schlecht auswirkt auf das Geigenspiel.

Die Finger aufs Griffbrett fallen lassen (49). Der Geiger sollte das Lebewesen sein, das am wenigsten zugreift. Er muß lernen, zu geben, sich zu öffnen und zu lösen.

Wenn man dieses Heben und Aufsetzen der Finger regelmäßig übt, gewinnen sie eine federnde Beweglichkeit.

Lagenwechsel

Auf Abbildung 50 erkennt man den ausgestreckten Finger, kurz bevor die Hand in eine höhere Lage wechselt. Immer darauf achten, daß Handfläche und Handgelenk locker sind. Man kann jemanden bitten, ganz leicht auf das Handgelenk zu drücken, um festzustellen, ob es nachgibt.

Ein Wort zum Vibrato

Der Geiger muß lernen, jede mögliche Tonnuancierung in den Griff zu bekommen. Es ist eine Frage der Sensibilität und der Selbsterkenntnis. In den hier beschriebenen Übungen sind die Bewegungen natürlich übertrieben dargestellt. In vielen Fällen verlaufen diese Bewegungen so unauffällig, daß man sie vielleicht gar nicht bemerken wird. Aber sie finden statt, zumindest als ein Vibrieren. Im Idealfall sollte man beim Spielen im rechten Arm die Schwingungen der Bogenhaare auf den Saiten spüren – ein wunderbares Gefühl! Wenn man

Abbildung 50

diesen Grad von verfeinerter Wahrnehmung erreicht
hat, hält man den Bogen so, daß die Hand bis in die
Fingergelenke locker genug ist, um diese Schwingungen
spüren zu können. Sowie eine Spannung oder Verhär-
tung aufkommt, kann man sie nicht mehr fühlen – sie
können sich nicht übertragen. Meine Übungen zielen
darauf ab, daß man diese Schwingungen spüren und
genießen kann.

Denken Sie daran – beim Üben mit Geige und Bogen
immer schrittweise vorgehen von sanft zu stark, von
pianissimo zu fortissimo, von langsam zu schnell; niemals umgekehrt!

Schlußbemerkung

Dieses Buch ist das Ergebnis einer langwierigen, schließlich aber erfolgreichen Suche. Wie viele Augenblicke scheinbarer Aussichtslosigkeit – aber immer wieder Belohnungen und letztendlich ein unerschöpflicher Reichtum! Manche Instrumentalisten haben ohne langes Suchen eine Form der Vollendung erreicht, weil sie beste Anlagen hatten, die sie perfekt ausbildeten; aber alle diejenigen, die Hilfe brauchen, könnten meine geigerischen und musikalischen Erfahrungen aufbauen, manche meiner jüngeren Kollegen vielleicht trösten.

Wichtig ist, daß der ausübende oder angehende Geiger sich ein Bild von seiner Spielweise macht. Dazu kann man einen Spiegel benutzen (das ist oftmals ganz nützlich) oder aber die eigene Phantasie. Ehe man nicht die Wirkungsweise der eigenen Bewegungen und Aktionen kennt, bleibt der Fortschritt stets gefährdet. Das soll nicht heißen, daß man keinen Erfolg haben könnte; man kann den richtigen Ton auch auf der Stelle aus Begabung oder Willenskraft treffen. Ein Vorbild hilft dabei natürlich weiter. So können starker Wille, Begabung, Ehrgeiz und der richtige Lehrer den Geiger eine Zeitlang voranbringen. Wird er aber allein gelassen, kann alles in sich zusammenbrechen, und nur allzu leicht schleichen sich Unarten ein. Deshalb muß man beim Üben zuallererst einschätzen können, was für ein Bild man abgibt. Und man muß die Kurven und Kreise erkennen, die den idealen Geiger ausmachen.

Beim Üben im pianissimo tragen wir den Bogen.

Dabei spüren wir sein Gewicht und lernen Abstand und Winkel zwischen Bogen und Saiten kennen. Wir lernen gleichsam mit dem Körper sehen. Wie kann ich wissen, daß der Bogen auf der G-Saite landet? Weil die Knochen, Muskeln und Nerven meines Armes eine bestimmte Konfiguration bilden. Ich setze den Bogen ja nicht mit Hilfe der Augen auf. Ich kann es einfach. Dasselbe gilt für die Töne, die ich spiele. Meine Finger gewöhnen sich an die Abstände auf den Saiten. Mein Ohr bestätigt, daß ich den richtigen Ton spiele, fis oder e, aber es sind meine Finger, die ganz natürlich, leicht und locker die bekannten Strecken zurücklegen, um den richtigen Ton zu finden. Es ist leider ein großer Irrtum vieler Lehrer und Eltern und ebenso vieler Geiger zu meinen, sie selbst oder ihre Schüler könnten sich durch ungeheuren Einsatz, durch Willenskraft und viel Üben – vielleicht zehn Stunden am Tag – einen Zugang zu einem bestimmten Musikwerk verschaffen. Wenn sie das wirklich glauben, machen sie sich etwas vor.

Sich mit geballter Energie in die Arbeit zu stürzen ist gewiß lobenswert. Aber wenn man mit aller Willenskraft und Entschlossenheit an die zehn Stunden täglich arbeitet, macht sich irgendwann die Anspannung bemerkbar und beeinträchtigt das ungetrübte Lernen. Man muß mit Leichtigkeit, mit Lockerheit üben. Man muß vollkommen konzentriert sein (Konzentration ist viel schwieriger als Entschlossenheit); man muß Durchhaltevermögen haben, Geduld und Zuversicht. Das sind die wesentlichen Voraussetzungen. Die Was-kostet-die-Welt-Methode führt zu nichts und macht besonders beim Geigenspiel keinen Spaß. Willkürliche Einstellungen, forcierte Interpretationen, auch allzu feste Vorsätze in bezug auf die Karriere beeinträchtigen die Qualität des Spiels. Man könnte zusammenfassend sagen: Brutalität hat keinen Platz im Umgang mit der Geige.

Starre Wahrheiten verlieren ihre Gültigkeit. Alle Wahrheiten müssen differenziert und der jeweiligen Situation angepaßt werden – im Leben wie in der Musik. Wie das Sprichwort sagt: Der Klügere gibt nach. Wenn ein Kind ein Instrument lernt, ist es mit unbegrenzter Zeit gesegnet. Wenn man älter wird, verringert sich die Zeit, und man muß präzise, wirtschaftlich und diszipliniert arbeiten, um mit einem Minimum an Zeitaufwand Qualität zu erreichen. Durch Analyse und bewußte Verfeinerung der Wahrnehmung habe ich nach meinem Dafürhalten die Qualität meines Tons verbessert, Spannungen abgebaut, größere Genauigkeit und Ausdruckskraft des Tons erzielt, meine musikalische Inspiration befreit und meine Arbeitszeit verringert. Es klingt merkwürdig, aber ich habe festgestellt, daß sich meine Kondition nach ein bis zwei Wochen Erholung verbessert, da bestimmte Spannungen verschwinden. Nach einer solchen Erholung muß ich jedoch sehr bewußt beginnen, die Stufen zu dem angestrebten Niveau wieder zu erklimmen, ohne mich zu übernehmen – ja ohne überhaupt das Üben anzufangen, ehe Muskeln und Nerven dazu bereit sind. Ganz gelassen zu arbeiten, ohne mich über Ermüdungserscheinungen hinwegzuquälen – das zu lernen hat mich viel Zeit gekostet. Es ist ein befreiendes Gefühl, von dieser blinden Schufterei loszukommen, zu wissen, daß es einen ruhigen, angenehmen und befriedigenden Weg gibt, über weniger Mühen eine bessere Kondition zu erreichen.

Das Leben stellt Fallen und Herausforderungen noch und noch. Nach meiner Meinung hat es keinen Sinn, einfach draufloszustürmen. Für den Geiger jedenfalls ist es ein Irrtum zu meinen, man könnte den Stier bei den Hörnern packen. Wir sind keine Matadore. Und wenn man es recht bedenkt: auch der Matador übt nur mit Konzentration, Anmut, Präzision, Reaktionsbereitschaft, Koordination und Gefühl für den richtigen Augenblick. Der Matador muß all das lernen, was auch zum Instrumentalspiel gehört. Es sieht fast so aus, als ob für einen Künstler das Leben mit einem gewissen Quantum an Begabung und einer gewissen Zielstrebigkeit beginne. Ziele sind Wissen und Können. Das ist zwar nicht leicht, aber erreichbar.

Der Geiger muß lernen, jede mögliche Tonschattierung in den Griff zu bekommen. Er muß ein weites, ein volles, ein langsames und ein ganz enges Vibrato beherrschen; er muß lernen, mit jedem Vibrato bis hin zum Verzicht auf Vibrato zu spielen. Zweck meiner Übungen, Vorstellungen und Ansätze ist es, alle Wege zu ebnen. Wenn wir eine Übung ausgefeilt haben, wenn die verschiedenen Gelenke im ganzen Körper funktionieren und wenn alle Bahnen zum Ausdruck geöffnet sind, dann setzt das Gefühl ein, nach ihm der Verstand und beide zusammen leiten den Musiker. Sodann stellt sich die Frage, ob der Musiker nun weiß, was er hören will. Aber während er seine Ausdruckspalette zusammenstellt, wird der gute Musiker sehr bald lernen, wie er sie gebrauchen muß. Möglicherweise noch mit mangelndem Stilgefühl, wenn er sich über den eigentlichen Gehalt einer Komposition nicht im klaren ist. Wichtig aber ist die Bereitschaft, sich selbst auszudrücken, und das ist nur möglich, wenn alle Wege dazu geebnet sind. Es ist durchaus möglich, und Beispiele dafür gibt es in Hülle und Fülle, daß Geiger technisch unzulänglich sind und dennoch alles auszudrücken vermögen, was sie wollen. Das kommt besonders bei Menschen vor, die von dem Wunsch zu spielen besessen sind und von ganz allein ihre Unzulänglichkeiten überwinden. Manche dieser Unzulänglichkeiten können übrigens sogar zu dem positiven Gesamtbild ihres Spiels beitragen. Wir dürfen die Tatsache nicht übersehen, daß jeder Mensch einzigartig ist und daß es manchmal ebendieses Ringen mit Schwierigkeiten ist, das einer Darbietung Überzeugungskraft verleiht.

Das Geigenspiel muß vom Instinkt geleitet werden, der an gründlich vorbereitetem Material ansetzt. Das Material muß zuvor so verfeinert worden sein, daß es die instinktive Reaktion akzeptieren kann. Man könnte das mit dem Wind vergleichen, der durch einen Baum weht. Jedes Blatt hängt anders, und genau das verleiht dem Wind den besonderen Klang.

Am Ende dieses letzten Kapitels meiner Ausführungen über meine Lebenserfahrungen kommt der Augenblick, da ich vor mir und meinen Lesern meine Schwächen und Fehler bekennen muß – meine Fehleinschätzungen und Fehlhandlungen; wo ich meine Leser warnen muß vor blinder, kritikloser Übernahme. Ich bin dafür, daß man in allen Lebensfragen nach Ausgewogenheit streben, feinfühlig reagieren, dabei aber kritisch prüfen und pragmatisch handeln sollte. Ich widme dieses Buch allen Kollegen, ob jung oder alt, in der Hoffnung, daß es ihnen Zeit und Mühe sparen hilft (wenn auch nicht die Auseinandersetzung) und daß es ihnen ermöglicht, Freude und Weisheit, Zuwendung und Hilfe in reichlicherem Maße zu geben und zu empfangen.

Yehudi Menuhin

»Künstlerischer Kosmopolitismus, Weltfriedensliebe, Weisheitslehre und menschheitsgeschichtliche Utopie verbinden sich in Menuhins Denken und prägen seine charismatische Ausstrahlung.«
Stuttgarter Zeitung

Ich bin fasziniert von allem Menschlichen

Gespräche mit Robin Daniels. Aus dem Englischen von Hans-Jürgen Baron von Koskull. Vorwort von Lawrence Durrell. 2. Aufl., 12. Tsd. 1983. 208 Seiten. Serie Piper 263

Kunst als Hoffnung für die Menschheit

Reden und Schriften. Mit einer Laudatio von Pierre Bertaux. Ausgewählt, eingeleitet und aus dem Englischen übersetzt von Horst Leuchtmann. 1986. 229 Seiten mit 14 Abbildungen auf Tafeln. Leinen

Unvollendete Reise

Lebenserinnerungen. Aus dem Englischen von Isabella Nadolny und Albrecht Roeseler. 6. Aufl., 79. Tsd. 1980. 462 Seiten und 63 Abbildungen auf Tafeln. Geb.

Variationen

Betrachtungen zu Musik und Zeit. Aus dem Englischen von Horst Leuchtmann. 1984. 256 Seiten. Serie Piper 369

Diana Menuhin
Durch Dur und Moll

Mein Leben mit Yehudi Menuhin. Aus dem Englischen von Helmut Viebrock. 2. Aufl., 20. Tsd. 1985. 334 Seiten mit zahlreichen Fotos. Leinen

Piper

Albrecht Roeseler

Große Geiger unseres Jahrhunderts

1987. Ca. 400 Seiten mit 69 Abbildungen
und 16 Notenbeispielen. Leinen

Albrecht Roeselers Buch über große Geiger unseres Jahrhunderts ist
für die Liebhaber und die Kenner des Violinspiels geschrieben. Es
enthält eine durchaus persönlich getroffene Auswahl von Künstler-
porträts. Enzyklopädische Vollständigkeit ist dabei nicht ange-
strebt. Roeseler erzählt von den großen Geigerpersönlichkeiten
unserer Zeit, von ihrer Interpretationskunst, ihren individuellen
geigerischen Fähigkeiten und der persönlich gefärbten Kraft ihres
Spiels.

Freilich will der Autor die Großen dieser bejubelten Zunft auch als
Akteure in ihrer Zeit beschreiben, nicht nur als Vertreter der jeweils
für gültig erklärten Interpretationsideale, sondern als Künstler in
diesem politisch so turbulenten Jahrhundert.

Die starke Beziehung des Autors zu seinen »Helden« und seinem
Thema ist in diesem Buch überall spürbar. Eindringlich beschwört
Roeseler die große Zeit der Virtuosen der zwanziger und dreißiger
Jahre. Er führt seine Leser dann bis in die unmittelbare Gegenwart,
die unvergleichlich reich an großen Geigerpersönlichkeiten ist. Den
Virtuosen und den Weltbürger, den Verführer, den Neugierigen
und den Analytiker, den Glücksbringer und den Moralisten – sie alle
findet der Leser unter den großen Geigern dieses Jahrhunderts.
Roeseler, dessen Beobachtungen und Urteile sich auf ausgedehnte
Konzerterfahrung und das Studium Hunderter von Schallplatten
gründen, will die künstlerischen Charaktere der Porträtierten deutlich werden lassen.

Instruktive Abbildungen und Notenbeispiele, ausführliche Schall-
plattenhinweise und ein aufschlüsselndes Register ergänzen den
Text.

Piper